胡适谈读书与做人

胡 适 著
陈亚明 编

中国华侨出版社
·北京·

图书在版编目（CIP）数据

胡适谈读书与做人 / 胡适著；陈亚明编. -- 北京：中国华侨出版社，2022.10

ISBN 978-7-5113-8824-7

Ⅰ.①胡… Ⅱ.①胡…②陈… Ⅲ.①哲学—中国—文集 Ⅳ.①B2-53

中国版本图书馆CIP数据核字（2022）第120004号

● 胡适谈读书与做人

著　　者 / 胡　适
编　　者 / 陈亚明
出 版 人 / 杨伯勋
责任编辑 / 桑梦娟
封面设计 / 薛　芳
经　　销 / 新华书店
开　　本 / 710毫米×1000毫米　1/16　印张/15.5　字数/215千字
印　　刷 / 艺通印刷（天津）有限公司
版　　次 / 2022年10月第1版　2022年10月第1次印刷
书　　号 / ISBN 978-7-5113-8824-7
定　　价 / 45.00元

中国华侨出版社　北京市朝阳区西坝河东里77号楼底商5号　邮编：100028
发行部：（010）64443051　传　真：（010）64439708
网　　址：http://www.oveaschin.com　E-mail：oveaschin@sina.com

如发现印装质量问题，影响阅读，请与印刷厂联系调换。

编辑说明

胡适先生是20世纪中国最具国际声誉的学者、思想家和教育家之一。在民国众多大师之中，他的身上闪耀着那个时代最为耀眼的光芒：作为新文化运动的领袖之一，胡适拥有32个博士头衔，获得过诺贝尔文学奖提名，还被称为"九项全能"的专家学者。他不仅在文、史、哲等诸多领域取得了巨大成就，还活跃于政治领域。

做学问，胡适先生提出"做学问要在不疑处有疑"；做人，他说"待人要在有疑处不疑"。《人民日报》这样评价胡适先生："他是20世纪中国最具国际声誉的学者、思想家和教育家之一，是20世纪中国学术思想史上的中心人物。自新文化运动以来，在学术思想上开一代新风，对思想界、学术界、文化界影响甚深。"

本系列文丛从胡适先生生前发表的各种著作、文章中，精心挑选其在文化、历史、社会、哲学等领域的代表作品，按照"读书与做人""文学与历史""哲学与理想""社会与文明"四个主题整理并进行分类。

胡适先生著作版本繁多，不同版本之间又多有歧异。为此，本系列文丛尽量以胡适自校本为底本，参校了其他权威版本，在保持原作风格的基础上，根据现代白话文的标准，对文稿进行了细微调整，以符合读者的阅读习惯。

一、文中出现的错字、漏字、别字均有订正，并酌情加注说明。

二、文中凡是未加新式标点的，都重新加好标点；原有标点与现行编辑体例不符的，在不影响阅读及语义的基础上，尽量保持原有标点。

三、文中部分字词的运用，如"的"与"地"、"做"与"作"、"他"与"她"、"那"与"哪"等，尽量保持原样。

四、文中译名的不同均加以注解。

五、根据具体情况，对部分文章做了一些删减。

目　录

上卷
胡适谈读书

读书……3
为什么读书……10
找书的快乐……15
读书的习惯重于方法……20
中学国文的教授……22
再论中学的国文教学……33
一个最低限度的国学书目……41
青年人的苦闷……51
领袖人才的来源……55
报纸文字应该完全用白话……60
研究国故的方法……64
再谈谈整理国故……68
考证学方法之来历……72
治学方法……78
大学的生活（节选）……84
清代学者的治学方法……89
中国书的收集法……112

下卷
胡适谈做人

归国杂感……127

易卜生主义……133

美国的妇人……147

"我的儿子"……160

一个问题……165

《科学与人生观》序……172

信心与反省……186

赠与今年的大学毕业生……192

差不多先生传……197

拜金主义……199

学生与社会（节选）……201

中学生的修养与择业……204

"少年中国"的精神……211

科学的人生观……215

人生问题……219

工程师的人生观……222

大宇宙中谈博爱……227

一个防身药方的三味药……229

终身做科学实验的爱迪生……234

容忍与自由……238

上卷
胡适谈读书

为学要如金字塔，要能广大要能高。

科学的根本精神在于求真理。

无目的读书是散步而不是学习。

朋友们，在你最悲观最失望的时候，那正是你必须鼓起坚强的信心的时候。你要深信：天下没有白费的努力。成功不必在我，而功力必不唐捐。

读书

"读书"这个题,似乎很平常,也很容易。然而我却觉得这个题目很不好讲。据我所知,"读书"可以有三种说法:

(一)要读何书

关于这个问题,《京报副刊》上已经登了许多时候的"青年必读书";但是这个问题,殊不易解决,因为个人的见解不同,个性不同。各人所选只能代表各人的嗜好,没有多大的标准作用。所以我不讲这一类的问题。

(二)读书的功用

从前有人作"读书乐",说什么"书中自有千钟粟,书中自有黄金屋,书中自有颜如玉",现在我们不说这些话了。要说,读书是求智识,智识就是权力。这些话都是大家会说的,所以我也不必讲。

(三)读书的方法

我今天是要想根据个人所经验,同诸位谈谈读书的方法。我的第一句话是很平常的,就是说,读书有两个要素:第一要精;第二要博。

现在先说什么叫"精"。

我们小的时候读书,差不多每个小孩都有一条书签,上面写十个字,这十个字最普遍的就是"读书三到：眼到，口到，心到"。现在这种书签虽不用，三到的读书法却依然存在。不过我以为读书三到是不够的；须有四到，是："眼到，口到，心到，手到。"我就拿它来说一说。

眼到是要个个字认得，不可随便放过。这句话起初看去似乎很容易，其实很不容易。读中国书时，每个字的一笔一画都不放过。近人费许多功夫在校勘学上，都因古人忽略一笔一画而已。读外国书要把A，B，C，D，……等字母弄得清清楚楚。所以说这是很难的。如有人翻译英文，把"port"看作"pork"，把"oats"看作"oaks"，于是葡萄酒一变而为猪肉，小草变成了大树。说起来这种例子很多，这都是眼睛不精细的结果。书是文字做成的，不肯仔细认字，就不必读书。眼到对于读书的关系很大，一时眼不到，贻害很大，并且眼到能养成好习惯，养成不苟且的人格。

口到是一句一句要念出来。前人说口到是要念到烂熟背得出来。我们现在虽不提倡背书，但有几类的书，仍旧有熟读的必要；如心爱的诗歌，如精彩的文章，熟读多些，于自己的作品上也有良好的影响。读此外的书，虽不须念熟，也要一句一句念出来，中国书如此，外国书更要如此。念书的功用能使我们格外明了每一句的构造，句中各部分的关系。往往一遍念不通，要念两遍以上，方才能明白的。读好的小说尚且要如此，何况读关于思想学问的书呢？

心到是每章每句每字意义如何？何以如是？这样用心考究。但是用心不是叫人枯坐冥想，是要靠外面的设备及思想的方法的帮助。要做到这一点，须要有几个条件：

（1）字典，辞典，参考书等工具要完备。这几样工具虽不能办到，也当到图书馆去看。我个人的意见是奉劝大家，当衣服，卖田地，至少要置备一点好的工具。比如买一本韦氏大字典，胜于请几个先生。这种先生终身跟着你，终身享受不尽。

（2）要作文法上的分析。用文法的知识，作文法上的分析，要懂得文法构造，方才懂得它的意义。

（3）有时要比较参考，有时要融会贯通，方能了解。不可但看字面。一个字往往有许多意义，读者容易上当。

例如turn这字：作外动字解有十五解，作内动字解有十三解，作名词解有二十六解，共五十四解，而成语不算。

又如strike：作外动字解有三十一解，作内动字解有十六解，作名词解有十八解，共六十五解。

又如go字最容易了，然而这个字：作内动字解有二十二解，作外动字解有三解，作名词解有九解，共三十四解。

以上是英文字须要加以考究的例。英文字典是完备的；但是某一字在某一句究竟用第几个意义呢？这就非比较上下文，或贯串全篇，不能懂了。

中文较英文更难，现在举几个例：

祭文中第一句"维某年月日"之"维"字，究作何解？字典上说它是虚字。《诗经》里"维"字有二百多，必需细细比较研究，然后知道这个字有种种意义。

又《诗经》之"于"字，"之子于归""凤凰于飞"等句，"于"字究作何解？非仔细考究是不懂的。又"言"字人人知道，但在《诗经》中就发生问题，必须比较，然后知"言"字为联接字。诸如此例甚多。中国古书很难读，古字典又不适用，非是用比较归纳的研究方法，我们如何懂得呢？

总之，读书要会疑，忽略过去，不会有问题，便没有进益。

宋儒张载说："读书先要会疑。于不疑处有疑，方是进矣。"他又说："在可疑而不疑者，不曾学。学则须疑。"又说："学贵心悟，守旧无功。"

宋儒程颐说："学原于思。"

这样看起来，读书要求心到；不要怕疑难，只怕没有疑难。工具要完备，思想要精密，就不怕疑难了。

现在要说手到。手到就是要劳动劳动你的贵手。读书单靠眼到、口到、心到，还不够的；必须还得自己动动手，才有所得。例如：

（1）标点分段，是要动手的。

（2）翻查字典及参考书，是要动手的。

（3）做读书札记，是要动手的。札记又可分四类：

① 抄录备忘。

② 作提要，节要。

③ 自己记录心得。张载说："心中苟有所开，即便札记。不则还塞之矣。"

④ 参考诸书，融会贯通，作有系统的著作。

手到的功用。我常说：发表是吸收智识和思想的绝妙方法。吸收进来的智识思想，无论是看书来的，或是听讲来的，都只是模糊零碎，都算不得我们自己的东西。自己必须做一番手脚，或做提要，或做说明，或做讨论自己重新组织过，申叙过，用自己的语言记述过，——那种智识思想方才可算是你自己的了。

我可以举一个例。你也会说"进化"，他也会谈"进化"，但你对于"进化"这个观念的见解未必是很正确的，未必是很清楚的；也许只是一种"道听途说"，也许只是一种时髦的口号。这种知识算不得知识，更算不得是"你的"知识。假使你听了我这句话，不服气，今晚回去就去遍翻各种书籍，仔细研究进化论的科学上的根据；假使你翻了几天书之后，发愤动手，把你研究所得写成一篇读书札记；假使你真动手写了这么一篇《我为什么相信进化论》的札记列举了：

一，生物学上的证据；二，比较解剖学上的证据；三，比较胚胎学上的证据；四，地质学和古生物学上的证据；五，考古学上的证据；六，社会学和人类学上的证据。

到这个时候，你所有关于"进化论"的知识，经过了一番组织安排，经过了自己的去叙述，这时候这些知识方才可算是你自己的了。所以我说，发表是吸收的利器；又可以说，手到是心到的法门。

至于动手标点，动手翻字典，动手查书，都是极要紧的读书秘诀，诸位千万不要轻轻放过。内中自己动手翻书一项尤为要紧。我记得前几年我曾劝顾颉刚先生标点姚际恒的《古今伪书考》。当初我知道他的生活困难，希望他标点一部书付印，卖几个钱。那部书是很薄的一本，我以为他一两个星期就可以标点完了。那知顾先生一去半年，还不曾交卷。原来他于每条引的书，都去翻查原书，仔细校对，注明出处，注明原书卷第，注明删节之处。他动手半年之后，来对我说，《古今伪书考》不必付印了，他现在要编辑一部疑古的丛书，叫做"辨伪丛刊"。我很赞成他这个计划，让他去动手。他动手了一两年之后，更进步了，又超过那"辨伪丛刊"的计划了，他要自己创作了。他前年以来，对于中国古史，做了许多辨伪的文字；他眼前的成绩早已超过崔述了，更不要说姚际恒了。顾先生将来在中国史学界的贡献一定不可限量，但我们要知道他成功的最大原因是他的手到的工夫勤而且精。我们可以说，没有动手不勤快而能读书的，没有手不到而能成学者的。

第二要讲什么叫"博"。

什么书都要读，就是博。古人说："开卷有益。"我也主张这个意思，所以说读书第一要精，第二要博。我们主张"博"有两个意思：

第一，为预备参考资料计，不可不博。

第二，为做一个有用的人计，不可不博。

第一，为预备参考资料计。

在座的人，大多数是戴眼镜的。诸位为什么要戴眼镜？岂不是因为戴了眼镜，从前看不见的，现在看得见了；从前很小的，现在看得很大了；从前看不分明的，现在看得清楚分明了？王荆公说得最好：

世之不见全经久矣。读经而已，则不足以知经。故某自百家诸子之书，至于《难经》《素问》《本草》诸小说，无所不读；农夫女工，无所不问；然后于经为能知其大体而无疑。盖后世学者与先王之时异矣；不如是，不足以尽圣人故也。……致其知而后读，以有所去取，故异学不能乱也。惟其不能乱，故能有所去取者，所以明吾道而已。（《答曾子固》）

他说："致其知而后读。"又说："读经而已，则不足以知经。"即如《墨子》一书在一百年前，清朝的学者懂得此书还不多。到了近来，有人知道光学，几何学，力学，工程学……等，一看《墨子》，才知道其中有许多部分是必须用这些科学的知识方才能懂的。后来有人知道了论理学，心理学……等，懂得《墨子》更多了。读别种书愈多，《墨子》愈懂得多。

所以我们也说，读一书而已则不足以知一书。多读书，然后可以专读一书。譬如读《诗经》，你若先读了北大出版的《歌谣周刊》，便觉得《诗经》好懂的多了；你若先读过社会学，人类学，你懂得更多了；你若先读过文字学，古音韵学，你懂得更多了；你若读过考古学，比较宗教学等，你懂得更多了。

你要想读佛家唯识宗的书吗？最好多读点论理学，心理学，比较宗教学，变态心理学。无论读什么书总要多配几副好眼镜。

你们记得达尔文研究生物进化的故事吗？达尔文研究生物演变的现状，前后凡三十多年，积了无数材料，想不出一个简单贯串的说明。有一天他无意中读马尔图斯（今译马尔萨斯）的人口论，忽然大悟生存竞争的原则，于是得着物竞天择的道理，遂成一部破天荒的名著，给后世思想界打开一个新纪元。

所以要博学者，只是要加添参考的材料，要使我们读书时容易得"暗示"；遇着疑难时，东一个暗示，西一个暗示，就不至于呆读死书了。这叫做"致其知而后读"。

第二，为做人计。

专工一技一艺的人，只知一样，除此之外，一无所知。这一类的人，影响于社会很少。好有一比，比一根旗杆，只是一根孤拐，孤单可怜。

又有些人广泛博览，而一无所专长，虽可以到处受一班贱人的欢迎，其实也是一种废物。这一类人，也好有一比，比一张很大的薄纸，禁不起风吹雨打。

在社会上，这两种人都是没有什么大影响，为个人计，也很少乐趣。

理想中的学者，既能博大，又能精深。精深的方面，是他的专门学问。博大的方面，是他的旁搜博览。博大要几乎无所不知，精深要几乎惟他独尊，无人能及。他用他的专门学问做中心，次及于直接相关的各种学问，次及于间接相关的各种学问，次及于不很相关的各种学问，以次及毫不相关的各种泛览。这样的学者，也有一比，比埃及的金字三角塔。那金字塔（据最近《东方杂志》第22卷第6号，147页）高四百八十英尺（约150米），底边各边长七百六十四英尺（约233米）。塔的最高度代表最精深的专门学问；从此点以次递减，代表那旁收博览的各种相关或不相关的学问。塔底的面积代表博大的范围，精深的造诣，博大的同情心。这样的人，对社会是极有用的人才，对自己也能充分享受人生的趣味。宋儒程颢说的好：

> 须是大其心使开阔：譬如为九层之台，须大做脚始得。

博学正所以"大其心使开阔"。我曾把这番意思编成两句粗浅的口号，现在拿出来贡献给诸位朋友，作为读书的目标：

> 为学要如金字塔，要能广大要能高。

胡适谈读书与做人

为什么读书

.

　　青年会叫我在未离南方赴北方之前在这里谈谈，我很高兴，题目是为什么读书。现在读书运动大会开始，青年会拣定了三个演讲题目。我看第二题目怎样读书很有兴味，第三题目读什么书更有兴味，第一题目无法讲，为什么读书，连小孩子都知道，讲起来很难为情，而且也讲不好。所以我今天讲这个题目，不免要侵犯其余两个题目的范围，不过我仍旧要为其余两位演讲的人留一些余地。现在我就把这个题目来试一下看。我从前也有过一次关于读书的演讲，后来我把那篇演讲录略事修改，编入三集《文存》里面，那篇文章题目叫做《读书》，其内容性质较近于第二题目，诸位可以拿来参考。今天我就来试试为什么读书这个题目。

　　从前有一位大哲学家做了一篇《读书乐》，说到读书的好处，他说："书中自有千钟粟，书中自有黄金屋，书中自有颜如玉。"这意思就是说，读了书可以做大官，获厚禄，可以不至于住茅草房子，可以娶得年轻的漂亮太太（台下哄笑）。诸位听了笑起来，足见诸位对于这位哲学家所说的话不十分满意，现在我就讲所以要读书的别的原因。

　　为什么要读书？有三点可以讲：第一，因为书是过去已经知道的智识学问和经验的一种记录，我们读书便是要接受这人类的遗产；第二，为要读书而读书，读了书便可以多读书；第三，读书可以帮助我们解决困难，应付环境，并可获得思想材料的来源。我一踏进青年会的大门，就看见许多关于读书的标语。为什么读书？大概诸位看了这些标语就都已知道了，现在我就把以上三点更详细的说一说。

第一，因为书是代表人类老祖宗传给我们的智识的遗产，我们接受了这遗产，以此为基础，可以继续发扬光大，更在这基础之上，建立更高深更伟大的智识。人类之所以与别的动物不同，就是因为人有语言文字，可以把智识传给别人，又传至后人，再加以印刷术的发明，许多书报便印了出来。人的脑很大，与猴不同，人能造出语言，后来更进一步而有文字，又能刻木刻字；所以人最大的贡献就是（留下）过去的智识和经验，使后人可以节省许多脑力。非洲野蛮人在山野中遇见鹿，他们就画了一个人和一只鹿以代信，给后面的人叫他们勿追。但是把智识和经验遗给儿孙有什么用处呢？这是有用处的，因为这是前人很好的教训。现在学校里各种教科书，如物理、化学、历史，等等，都是根据几千年来进步的智识编纂成书的，一年，两年，或者三年，教完一科。自小学、中学，而至大学毕业，这十六年中所受的教育，都是代表我们老祖宗几千年来得来的智识学问和经验，所谓进化，就是叫人节省劳力，蜜蜂虽能筑巢，能发明，但传下来就只有这一点智识，没有继续去改革改良，以应付环境，没有做格外进一步的工作。人呢，达不到目的，就再去求进步，而以前人的智识学问和经验作参考。如果每样东西，要个个人从头学起，而不去利用过去的智识，那不是太麻烦吗？所以人有了这智识的遗产，就可以自己去成家立业，就可以缩短工作，使有余力做别的事。

第二点稍复杂，就是为读书而读书。读书不是那么容易的一件事情，不读书不能读书，要能读书才能多读书。好比戴了眼镜，小的可以放大，糊涂的可以看得清楚，远的可以变为近。读书也要戴眼镜。眼镜越好，读书的了解力也越大。王安石对曾子固说："读经而已，则不足以知经。"所以他对于本草，内经，小说，无所不读，这样对于经才可以明白一些。王安石说："致其知而后读。"

胡适谈读书与做人

请你们注意，他不说读书以致知，却说，先致知而后读书。读书固然可以扩充知识；但知识越扩充了，读书的能力也越大。这便是"为读书而读书"的意义。

试举《诗经》作一个例子。从前的学者把《诗经》看作"美""刺"的圣书，越讲越不通。现在的人应该多预备几副好眼镜，人类学的眼镜，考古学的眼镜，文法学的眼镜，文学的眼镜。眼镜越多越好，越精越好。例如"野有死麕，白茅包之。有女怀春，吉士诱之"；我们若知道比较民俗学，便可以知道打了野兽送到女子家去求婚，是平常的事。又如"钟鼓乐之，琴瑟友之"，也不必说什么文王太姒，只可看作少年男子在女子的门口或窗下奏乐唱和，这也是很平常的事。再从文法方面来观察，像《诗经》里"之子于归""黄鸟于飞""凤凰于飞"的"于"字，此外，《诗经》里又有几百个的"维"字，还有许多"助词"，"语词"，这些都是有作用而无意义的虚字，但以前的人却从未注意及此。这些字若不明白，《诗经》便不能懂。再说在《墨子》一书里，有点光学、力学；又有点经济学。但你要懂得光学，才能懂得墨子所说的光；你要懂得各种智识，才能懂得《墨子》里一些最难懂的文句。总之，读书是为了要读书，多读书更可以读书。最大的毛病就在怕读书，怕读难书。越难读的书我们越要征服它们，把它们作为我们的奴隶或向导，我们才能够打倒难书，这才是我们的"读书乐"。若是我们有了基本的科学知识，那么，我们在读书时便能左右逢源。我再说一遍，读书的目的在于读书，要读书越多才可以读书越多。

第三点，读书可以帮助解决困难，应付环境，供给思想材料。知识是思想材料的来源。思想可分作五步。思想的起源是大的疑问。吃饭拉屎不用想，但逢着三叉路口，十字街头那样的环境，就发生困难了。走东或走西，这样做或是那样做，有了困难，才有思想。第二步要把问题弄清，究竟困难在哪一点上。第三步才想到如何解决，这一步，俗话叫做出主意。但主意太多，都采用也不行，必须要挑选。但主意太少，或者竟全无主意，那就更没有办法了。第四步就是要选择一个假定的解决方法。要想到这一个方法能不能解决。若不能，那么，就换一个；若能，就行了。这好比开锁，这一个钥匙开不开，就换一个；假定是可以开的，那么，问题就解决了。第五步就是证实。凡是有条理的思想都要经过这步，或是逃不了这五个阶级。科学家要解决问题，侦探要侦探案件，多经过这五步。

这五步之中，第三步是最重要的关键。问题当前，全靠有主意（Ideas）。主意从哪儿来呢？从学问经验中来。没有智识的人，见了问题，两眼白瞪瞪，抓耳挠腮，一个主意都不来。学问丰富的人，见着困难问题，东一个主意，西一个主意，挤上来，涌上来，请求你录用。读书是过去智识学问经验的记录，而智识学问经验就是要用在这时候，所谓养军千日，用在一朝。否则，学问一些都没有，遇到困难就要糊涂起来。例如达尔文把生物变迁现象研究了几十年，却想不出一个原则去整统他的材料。后来无意中看到马尔萨斯的人口论，说人口是按照几何学级数一倍倍的增加，粮食是按照数学级数增加，达尔文研究了这原则，忽然触机，就把这原则应用到生物学上去，创了物竞天择的学说。读了经济学的书，可以得着一个解决生物学上的困难问题，这便是读书的功用。古人说"开卷有益"，正是此意。读书不是单为文凭功名，只因为书中可以供给学问知识，可以帮助我们解决困难，可以帮助我们思想。又譬如从前的人以为地球是世界的中心，后来天文学家哥白尼却主张太阳是世界的中心，绕着地球而行。据罗素说，哥白尼所以这样的解说，是因为希腊人已经讲过这句话；假使希腊没有这句话，恐怕更不容易有人敢说这句话吧。这也是读书的好处。有一家书店印了一部旧小说叫做《醒世姻缘》，要我作序。这部书是西周生所著的，印好在我家藏了六年，我还不曾考出西周生是谁，这部小说讲到婚姻问题，其内容是这样：有个好老婆，不知何故，后来忽然变坏，作者没有提及解决方法，也没有想到可以离婚，只说是前世作孽，因为在前世男虐待女，女就投生换样子，压迫者变为被压迫者。这种前世作孽，起先相爱，后来忽变的故事，我仿佛什么地方看见过。后来忽然想起《聊斋》一书中有一篇和这相类似的笔记，也是说到一

胡适谈读书与做人

个女子，起先怎样爱着她的丈夫，后来怎样变为凶太太，便想到这部小说大约是蒲留仙或是蒲留仙的朋友做的。去年我看到一本杂记，也说是蒲留仙做的，不过没有多大证据。今年我在北京，才找到了证据。这一件事可以解释刚才我所说的第二点，就是读书可以帮助读书，同时也可以解释第三点，就是读书可以供给出主意的来源。当初若是没有主意，到了逢着困难时便要手足无措，所以读书可以解决问题，就是军事、政治、财政、思想等问题，也都可以解决，这就是读书的用处。

我有一位朋友，有一次傍着灯看小说，洋灯装有油，但是不亮，因为灯芯短了。于是他想到《伊索寓言》里有一篇故事，说是一只老鸦要喝瓶中的水，因为瓶太小，得不到水，它就衔石投瓶中，水乃上来，这位朋友是懂得化学的，于是加水于灯中，油乃碰到灯芯。这是看《伊索寓言》给他看小说的帮助。读书好像用兵，养兵求其能用，否则即使坐拥十万二十万的大兵也没有用处，难道只好等他们"兵变"吗？

至于"读什么书"，下次陈钟凡先生要讲演，今天我也附带的讲一讲。我从五岁起到了四十岁，读了三十五年的书。我可以很诚恳的说，中国旧籍是经不起读的。中国有五千年文化，四部的书已是汗牛充栋。究竟有几部书应该读，我也曾经想过。其中有条理有系统的精心结构之作，二千五百年以来恐怕只有半打。"集"是杂货店，"史"和"子"还是杂货店。至于"经"，也只是杂货店，讲到内容，可以说没有一些东西可以给我们改进道德增进智识的帮助的。中国书不够读，我们要另开生路，辟殖民地，这条生路，就是每一个少年人必须至少要精通一种外国文字。读外国语要读到有乐而无苦，能做到这地步，书中便有无穷乐趣。希望大家不要怕读书，起初的确要查阅字典，但假使能下一年苦功，继续不断做去，那么，在一二年中定可开辟一个乐园，还只怕求知的欲望太大，来不及读呢。我总算是老大哥，今天我就根据我过去三十五年读书的经验，给你们这一个临别的忠告。

找书的快乐

主席、诸位先生：

我不是藏书家，只不过是一个爱读书，能够用书的书生，自己买书的时候，总是先买工具书，然后才买本行书，换一行时，就得另外买一种书。今年我六十九岁了，还不知道自己的本行到底是哪一门。是中国哲学呢？还是中国思想史？抑或是中国文学史？或者是中国小说史？《水经注》？中国佛教思想史？中国禅宗史？我所说的"本行"，其实就是我的兴趣，兴趣愈多就愈不能不收书了。十一年前我离开北平时，已经有一百箱的书，大约有一两万册。离开北平以前的几小时，我曾经暗想着：我不是藏书家，但却是用书家。收集了这么多的书，舍弃了太可惜，带吧，因为坐飞机又带不了。结果只带了一些笔记，并且在那一两万册书中，挑选了一部书，作为对一两万册书的纪念，这一部书就是残本的《红楼梦》。四本只有十六回，这四本《红楼梦》可以说是世界上最老的抄本。收集了几十年的书，到末了只带了四本，等于当兵缴了械，我也变成一个没有棍子，没有猴子的变把戏的叫花子。

这十一年来，又蒙朋友送了我很多书，加上历年来自己新买的书，又把我现在住的地方堆满了，但是这都是些不相干的书，自己本行的书一本也没有。找资料还需要依靠中研院史语所的图书馆和别的图书馆，如台湾大学图书馆、中央图书馆等救急。

找书有甘苦，真伪费推敲

我这个用书的旧书生，一生找书的快乐固然有，但是，找不到书的苦处也尝到过。民国九年（1920年）7月，我开始写《水浒传考证》的时候，参考的材料只有金圣叹的七十一回本《水浒传》《征四寇》及《水浒后传》等，至于《水浒传》的一百回本、一百一十回本、一百一十五回本、一百廿回本、一百廿四回本，还都没有看到。等我的《水浒传考证》问世的时候，日本才发现《水浒》的一百一十五回本及一百回本、一百一十回本及一百廿回本。同时我自己也找到了一百一十五回本及一百廿四回本。做考据工作，没有书是很可怜的。考证《红楼梦》的时候，大家知道的材料很多，普通所看到的《红楼梦》都是一百廿回本。这种一百廿回本并非真的《红楼梦》。曹雪芹四十多岁死去时，只写到八十回，后来由程伟元、高鹗合作，一个出钱，一个出力，完成了后四十回。乾隆五十六年的活字版排出了一百廿回的初版本，书前有程、高二人的序文说：

> 世人都想看到《红楼梦》的全本，前八十回中黛玉未死，宝玉未娶，大家极想知道这本书的结局如何，但却无人找到全的《红楼梦》。近因程、高二人在一卖糖摊子上发现有一大卷旧书，细看之下，竟是世人遍寻无着的《红楼梦》后四十回，因此特加校订，与前八十回一并刊出。

可是天下这样巧的事很少，所以我猜想序文中的说法不可靠。

考证《红楼梦》，清查曹雪芹

三十年前我考证《红楼梦》时，曾经提出二个问题，这是研究红学的人值得研究的：一、《红楼梦》的作者是谁？作者是怎样一个人？他的家世如何？家世传记有没有可考的资料？曹雪芹所写的那些繁华世界是有根据的吗？还是关着门自己胡诌乱说？二、《红楼梦》的版本问题，是八十回？还是一百廿回？后四十回是哪里来的？那时候有七八种《红楼梦》的考证，俞平伯、顾颉刚都帮我找过材料。最初发现乾隆五十七年（1792年）有程伟元序的乙本，其中并有高鹗的序文及引言七条，以后发现早一年出版的甲本，证明后四十回是高鹗所续，而由程伟元出钱活字刊印。又从其他许多材料里知道曹雪芹家为江南的织造世职，专为皇室纺织绸缎，供给宫内帝后、妃嫔及太子、王孙等穿戴，或者供皇帝赏赐臣下，后来在清理故宫时，从康熙皇帝一秘密抽屉内发现若干文件，知道曹雪芹的祖父曹寅，等于皇帝派出的特务，负责察看民心年成，或是退休丞相的动态，由此可知曹家为阔绰大户。《红楼梦》中有一段说到王熙凤和李嬷嬷谈皇帝南巡，下榻贾家，可知是真的事实。以后我又经河南的一位张先生指点，找到杨钟羲的《雪桥诗话》及《八旗经文》，以及有关爱新觉罗宗室敦诚、敦敏的记载，知道曹雪芹名霑、号雪芹，是曹寅的孙子，接着又找到了《八旗人诗抄》《熙朝雅颂集》，找到敦诚、敦敏兄弟赐送曹雪芹的诗，又找到敦诚的《四松堂集》，是一本清抄未删底本，其中有挽曹雪芹的诗，内有"四十年华付杳冥"句，下款年月日为甲申（即乾隆甲申廿九年，西历1764年）。从这里可以知道曹雪芹去世的年代，他的年龄为四十岁左右。

险失好材料，再评《石头记》

民国十六年（1927年）我从欧美返国，住在上海，有人写信告诉我，要卖一本《脂砚斋评石头记》给我，那时我以为自己的资料已经很多，未加理会。不久以后和徐志摩在上海办新月书店，那人又将书送来给我看，原来是甲戌年手抄再评本，虽然只有十六回，但却包括了很多重要史料。里面有："壬午除夕，书未成，芹为泪尽而逝。甲年八月泪笔"的句子，指出曹雪芹逝于乾隆廿七年冬，即西历1763年2月12日："字字看来皆是血，十年辛苦不寻常"诗句，充分描绘出曹雪芹写《红楼梦》时的情态。

脂砚斋则可能是曹雪芹的太太或朋友。自从民国十七年（1928年）二月我发表了《考证红楼梦的新材料》之后，大家才注意到《脂砚斋评本石头记》。不过，我后来又在民国廿二年（1933年）从徐星署先生处借来一部庚辰秋定本脂砚斋四阅评过的《石头记》，是乾隆廿五年（1760年）本，八十回，其中缺六十四、六十七两回。

谈《儒林外史》，推赞吴敬梓

现在再谈谈我对《儒林外史》的考证：《儒林外史》是部骂当时教育制度的书，批评政治制度中的科举制度。我起初发现的只有吴敬梓的《文木山房集》中的赋一卷（四篇），诗二卷（一三一首），词一卷（四七首），拿这当做材料。但是在一百年前，我国的大诗人金和，他在跋《儒林外史》时，说他收有《文木山房集》，有文五卷。可是一般人都说《文木山房集》没有刻本，我不相信，便托人在北京的书店找，找了几年都没有结果，到了民国七年（1918年）才在带经堂书店找到。我用这本集子参考安徽《全椒县志》，写成一本一万八千字的《吴敬梓年谱》，中国小说传记资料，没有一个能比这更多的，民国十四年（1925年）我把这本书排印问世。

如果拿曹雪芹和吴敬梓二人作一个比较，我觉得曹雪芹的思想很平凡，而吴敬梓的思想则是超过当时的时代，有着强烈的反抗意识。吴敬梓在《儒林外史》里，严刻地批评教育制度，而且有他的较科学化的观念。

有计划找书，考证神会僧

前面谈到的都是没有计划的找书，有计划的找书更是其乐无穷。所谓有计划的找书，便是用"大胆的假设，小心的求证"方法去找书，现在再拿我找神会和尚的事做例子，这是我有计划的找书：神会和尚是唐代禅宗七祖大师，我从《宋高僧传》的慧能和神会传里发现神会和尚的重要，当时便作了个大胆的假设，猜想有关神会和尚的资料只有在日本和敦煌两地可以发现。因为唐朝时，日本派人来中国留学的很多，一定带回去不少史料，经过"小心的求证"，后来果然在日本找到宗密的《圆觉大疏钞》和《禅源诸诠集》，另外又在巴黎的国家图书馆及伦敦的大英博物馆发现数卷神会和尚的资料。知道神会和尚是湖北襄阳人，到洛阳、长安传布大乘佛法，并指陈当时的两京法祖三帝国师非禅宗嫡传，远在广东的六祖慧能才是真正禅宗一脉相传下来的。但是神会的这些指陈不为当时政府所取信，反而贬走神会。刚好那时发生安史之乱，唐玄宗远避四川，肃宗召郭子仪平乱，这时国家财政贫乏，军队饷银只好用度牒代替，如此必须要有一位高僧宣扬佛法令人乐于接受度牒。神会和尚就担任了这项推行度牒的任务。郭子仪收复两京（洛阳、长安），军饷的来源，不得不归功神会。安史之乱平了后，肃宗迎请神会入宫奉养，并且尊神会为禅宗七祖，所以神会是南宗的急先锋，北宗的毁灭者，新禅学的建立者，《坛经》的创作者，在中国佛教史上没有第二个人有这样伟大的功勋。我所研究的《神会和尚全集》可望在明年由中央研究院历史语言研究所出版。

最后，根据我个人几十年来找书的经验，发现我们过去的藏书的范围是偏狭的，过去收书的目标集于收藏古董，小说之类决不在藏书之列。但我们必须了解了解，真正收书的态度，是要无所不收的。

读书的习惯重于方法

读书会进行的步骤,也可以说是采取的方式大概不外三种:

第一种是大家共同选定一本书本读,然后互相交换自己的心得及感想。

第二种是由下往上的自动方式,就是先由会员共同选定某一个专题,限定范围,再由指导者按此范围拟定详细节目,指定参考书籍。每人须于一定期限内作成报告。

第三种是先由导师拟定许多题目,再由各会员任意选定。研究完毕后写成报告。

至于读书的方法我已经讲了十多年,不过在目前我觉到读书全凭先养成好读书的习惯。读书无捷径,是没有什么简便省力的方法可言的。读书的习惯可分为三点:一是勤,二是慎,三是谦。

勤苦耐劳是成功的基础,做学问更不能欺己欺人,所以非勤不可。其次谨慎小心也是很需要的,清代的汉学家著名的如高邮王氏父子,段茂堂等的成功,都是遇事不肯轻易放过,旁人看不见的自己便可看见了。如今的放大几千万倍的显微镜,也不过想把从前看不见的东西现在都看见罢了。谦就是态度的谦虚,自己万不可先存一点成见,总要不分地域门户,一概虚心的加以考察后,再决定取舍。这三点都是很要紧的。

其次还有个买书的习惯也是必要的，闲时可多往书摊上逛逛，无论什么书都要去摸一摸，你的兴趣就是凭你伸手乱摸后才知道的。图书馆里虽有许多的书供你参考，然而这是不够的。因为你想往上圈画一下都不能。更不能随便的批写。所以至少像对于自己所学的有关的几本必备书籍，无论如何，就是少买一双皮鞋，这些书是非买不可的。

青年人要读书，不必先谈方法，要紧的是先养成好读书，好买书的习惯。

中学国文的教授

我是没有中学国文教授的经验的;虽然做过两年中学学生,但是那是十几年前的经验,现在已不适用了。况且当这个学制根本动摇的时代,我们全没有现成的标准可以依据,也没有过去的经验可以参考。我这个完全门外汉居然敢来高谈中学国文的教授,真是不自量力了!

但是门外汉有时也有一点用处。"内行"的教育家,因为专做这一项事业,眼光总注射在他的"本行",跳不出习惯法的范围。他们筹画的改革,总不免被成见拘束住了,很不容易有根本的改革。门外旁观的人,因为思想比较自由些,也许有时还能供给一点新鲜的意见,意外的参考材料。古人说的"愚者一得",大概也是这个道理。这就是我这回敢来演说《中学国文的教授》的理由了。

一、中学国文的目的是什么?

我们现在既没有过去的标准可以依据,应该自己先定一个理想的标准。究竟中学的国文应该做到什么地位?究竟我们期望中学毕业生的国文到什么程度?

民国元年(1912年)的《中学校令施行细则》第三条说:

> 国文要旨在通解普通语言文字,能自由发表思想,并使略

解高深文字。涵养文学之兴趣，兼以启发智德。

这一条因为也是理想的，并不曾实行，故现在看来还没有什么大错误。即如"通解普通语言文字"一句，在当初不过是欺人的门面话，实在当时中学的国文与"普通语言"是无有关系的；但是到了现在国语进行的时候，这六个字反更有意义了。又如"并使略解高深文字"一句，当日很难定一个界说，现在把国语和古文分开，把古文来解"高深文字"，这句话便更容易解说了。

元年定的理想标准，照这八年的成绩看来，可算得完全失败。失败的原因并不在理想太高，实在是因为方法大错了。标准定的是"通解普通语言文字"，但是事实上中学校教授的并不是普通的语言文字，乃是少数文人用的文字，语言更用不着了！标准又定"能自由发表思想"，但是事实上中学教员并不许学生自由发表思想，却硬要他们用千百年前的人的文字，学古人的声调文体，说古人的话——只不要自由发表思想！事实上的方法和理想上的标准相差这样远，怪不得要失败了！

我承认元年定的标准不算过高，故斟酌现在情形，暂定一个中学国文的理想标准：

（1）人人都用国语（白话）自由发表思想，——作文，演说，谈话，——都能明白通畅，没有文法上的错误。

（2）人人能看平易的古文书籍，如《二十四史》《资治通鉴》之类。

（3）人人能作文法通顺的古文。

（4）人人有懂得一点古文文学的机会。

这些要求不算苛求吗？

二、假定的中学国文课程

定了标准，方才可谈中学国文的课程。现行的部定课程是：

第一年：讲读，作文，习字。　　　　　　　　共七

第二年：讲读，作文，习字，文字源流。　　　共七

第三年：讲读，作文，习字，文法要略。　　　　　共五

第四年：讲读，作文，文法要略，文学史。　　　　共五

依我们看来，现在中学校各项功课平均每周男校三十四时，女校三十三时，未免太重了。我们主张国文每周至多不能过五时，四周总数应在二十时以下。现在假定每周五时，暂定课程表如下：

年一：国语文一，古文三，文法与作文一。　　　　共五

年二：国语文一，古文三，文法与作文一。　　　　共五

年三：演说一，古文三，文法与作文一。　　　　　共五

年四：辩论一，古文三，文法与作文一。　　　　　共五

这表里删去的学科是习字、文字源流、文学史、文法要略四项。写字决不是每周一小时的课堂习字能够教得好的，故可删去。现有的《文法要略》《文字源流》，都是不通文法和不懂文字学的人编的，读了无益，反有害。（孙中山先生曾指出《文法要略》的大错，如谓鹄与猿为本名字，与诸葛亮、王猛同一类！）文学史更不能存在。不先懂得一点文学，就读文学史，记得许多李益、李颀、老杜、小杜的名字，却不知道他们的著作，有什么用处？

又这表上"国语文"只有两时。我的理由是：

（1）第三四年的演说和辩论都是国语与国语文的实习，故这两年可以不用国语文了。

（2）我假定学生在两级小学时已有了七年的国语，可以够用了。

三、国语文的教材与教授法

先说"国语文"的教材。共分三部：

（1）看小说　看二十部以上，五十部以下的白话小说。例如《水浒》《红楼梦》《西游记》《儒林外史》《镜花缘》《七侠五义》《二十年目睹之怪现状》《恨海》《九命奇冤》《文明小史》《官场现形记》《老残游记》《侠隐记》《续侠隐记》等等。此外有好的短篇白话小说，

也可以选读。

（2）白话的戏剧　此时还不多，将来一定会多的。

（3）长篇的议论文与学术文　因为我假定学生在两级小学已有了七年的白话文，故中学只教长篇的议论文与学术文……如章太炎的《说六书》之类。

教材一层，最须说明的大概是小说一项。一定有人说《红楼梦》、《水浒传》等书，有许多淫秽的地方，不宜用作课本。我的理由是：（1）这些书是禁不绝的。你们不许学生看，学生还是要偷看。与其偷看，不如当官看，不如有教员指导他们看。举一个极端的例：《金瓶梅》的真本是犯禁的，很不容易得着；但是假的《金瓶梅》——石印的，删去最精彩的部分，只留最淫秽的部分——却仍旧在各地火车站公然出卖！列位热心名教的先生们可知道吗？我虽然不主张用《金瓶梅》作中学课本，但是我反对这种"塞住耳朵吃海蜇"的办法！（2）还有一个救弊的办法，就是西洋人所谓"洗净了的版本"（Expurgated edition），把那些淫秽的部分删节去，专作"学校用本"（即如柏拉图的"一夕话"（Symposium）有两译本，一是全本，一是节本）。商务印书馆新出一种《儒林外史》，比齐省堂本少四回，删去的四回是沈琼枝一段事迹，因为有琼花观求子一节，故删去了。这种办法不碍本书的价值，很可以照办。如《水浒》的潘金莲一段尽可删改一点，便可作中学堂用本了。

次说国语文的教授法。

（1）小说与戏剧，先由教员指定分量——自何处起，自何处止，——由学生自己阅看。讲堂上止有讨论，不用讲解。

（2）指定分量之法，须用一件事的始末起结作一次的教材。如《水浒》劫"生辰纲"一件事作一次，闹江州又作一次；《儒林外史》严贡生兄弟作一次，杜少卿作一次，娄家弟兄又作一次；又《西游记》前八回作一次。

（3）课堂上讨论，须跟着材料变换，不能一定。例如《镜花缘》上写林之洋在女儿国穿耳缠足一段，是问题小说，教员应该使学生明白作者"设身处地"的意思，借此引起他们研究社会问题的兴趣。又如《西游记》前八回是神话滑稽小说，教员应该使学生懂得作者为什么要写一个庄严的天宫盛会被一个猴子搞乱了。又如《儒林外史》写鲍文卿一段，教员应该使学生把严贡生一段比较着看，使他们知道什么叫做人类平等，什么叫做衣冠禽兽。

（4）无论是小说，是戏剧，教员应该点出布局，描写的技术，文章的体裁，等等。

（5）读戏剧时，可选精彩的部分令学生分任戏里的人物，高声演读。若能在台上演做，那更好了。

（6）长篇的议论文与学术文，也由学生自己预备，上课时教员指导学生讨论。讨论应注重：

（甲）本文的解剖：分段，分小节。

（乙）本文的材料如何分配使用。

（丙）本文的论理：看好文章的思想条理，远胜于读一部法式的论理学。

四、演说与辩论

须认明这两项是国语与国语文的实用教法。凡能演说，能辩论的人，没有不会做国语文的。做文章的第一个条件只是思想有条理，有层次。演说辩论最能帮助学生养成有条理系统的思想能力。

（1）择题 演说题须避太抽象，太笼统的题目。如"宗教"，如"爱国"，如"社会改造"等题，最能养成夸大的心理，笼统的思想。从前小学堂国文题如"富国强兵策"等等，就是犯了这个毛病。中学生演说应该选"肥皂何以能去污垢""松柏何以能冬青""本村绅士某某人卖选举票的可耻"一类的具体题目。辩论题须选两方面都有理可说的题，如"鸦片宜严禁"只有一方面，是不可用的。

（2）方法　演说辩论的班次不宜人数太多，太多了一个人每年轮不着几回；也不宜太少，太少了演说的人没有趣味。每班可分作小组，每组不可过十六人。演说不宜太长，十分钟尽够了。演说的人须先一星期就选定题目，先作一个大纲，请教员看过，然后每段发挥，作成全篇演说。辩论须先分组，每组两人，或三人。选定主张或反对的方面后，每组自己去搜集材料，商量分配的方法，发言的先后。

　　辩论分两步。第一步是"立论"，每组的组员按预定的次序发言。第二步是"驳论"，每组反驳对手的理由。预备辩论时，每组须计算反对党大概要提出什么理由来，须先预备反驳的材料。这种预备有两大益处：（1）可以养成敏捷精细的思想能力；（2）可以养成智识上的互助精神。辩论演说时，教员与学生各备铅笔，记录可批评的论点与姿势，下次上课时，大家提出讨论。

五、古文的教材与教授法

　　先说中学古文的教材。

　　（1）第一学年　第一年专读近人的文章。例如梁任公、康长素、严几道、章行严、章太炎等人的散文，都可选读。此外还应该多看小说。林琴南早年译的小说，如《茶花女遗事》《战血余腥记》《撒克逊劫后英雄略》《十字军英雄记》，朱树人的《穑者传》等书，都可以看。还有著作不多的学者，如蔡子民《答林琴南书》，吴稚晖《上下古今谈序》，又如我的朋友李守常、李剑农、高一涵做的古文，都可以选读。平心而论，章行严一派的古文，李守常、李剑农、高一涵等在内——最没有流弊，文法很精密，论理也好，最适宜于中学模范近古文之用。

　　（2）第二三四学年　后三年应该多读古人的古文。我主张分两种教材：

　　（甲）选本。不分种类，但依时代的先后，选两三百篇文理通畅，内容可取的文章。从《老子》《论语》《檀弓》《左传》，一直到姚鼐、曾

胡适谈读书与做人

国藩，每一个时代文体上的重要变迁，都应该有代表。这就是最切实的中国文学史，此外中学堂用不着什么中国文学史了。

（乙）自修的古文书。最重要的还是学生自己看的书。一个中学堂的毕业生应该看过下列的几部书：

（a）史书：《资治通鉴》或《四史》（或《通鉴纪事本末》）。

（b）子书：《孟子》《墨子》《荀子》《韩非子》《淮南子》《论衡》等。

（c）文学书：《诗经》是不可不看的。此外可随学生性之所近，选习两三部专集，如陶潜、杜甫、王安石、陈同甫之类。

我拟的中学国文课程中最容易引起反对的，大概就在古文教材的范围与分量。一定有人说："从前中学国文只用四本薄薄的古文读本，还教不出什么成绩来。现在你定的功课竟比从前增多了十倍！这不是做梦吗？"我的回答是：

（第一）从前的中学国文所以没有成效，正因为中学堂用的书只有那几本薄薄的古文读本。我们试回头想想，我们自己做古文是怎样学的？是单靠八九十篇古文得来的呢，还是靠看小说看古文书得来的？我自己从来背不出一篇古文，但是因为我自小就爱看小说，看史书，看杂书，所以我还懂得一点古文的文法。古文的选本都是零碎的，没头没脑的，不成系统的，没有趣味的。因此，读古文选本是最没有趣味的事。因为没有趣味，所以没有成效。我可以武断现在中学毕业生能通中文的，都是自己看小说看杂志看书得来的，决不是靠课堂上几部古文选本得来的。我因此主张用"看书"来代替"讲读"。与其读王安石的《读孟尝君传》，不如看《史记》的《四公子列传》；与其读苏轼的《范增论》，不如看《史记》的《项羽本纪》；与其读林琴南的一部《古文读本》，不如看他译的一本《茶花女》。

（第二）请大家不要把中学生当小孩子看待。现在学制的大弊就是把学生求知识的能力看得太低了。现在各级学堂的课程，都是为下下的低能儿定的，所以没有成绩。现在要谈学制革命，第一步就该根本推翻这种为下下的低能儿定的课程学科！

（第三）我这个计划是假定两级小学都已采用国语做教科书了。国语代替文言以后，若不能于七年之内，使高小毕业生能做通顺的国语文，那便是国语教育的大失败。学生既通国语，又在中学第一年有了国语文法（见下），再来学古文，应该更容易好几倍；成绩应该加快好几倍。譬如已通一国文字的人，再学第二国文字时，成绩要快得多。这是我深信不疑的。所以我觉得我拟的中学古文课程并不是梦想，是可以用实地试验来决定的。

再说古文的教授法。上文说的用看书来代讲读，便是教授法的要点。每周三小时，每年至多不过四十周，合起来不过一百二十点钟，若全靠课堂上的讲读，一年能讲得几篇文章？所以我主张：学校但规定学科内容的范围与程度，教员自己分配每一课的分量，学生自己去预备本日指定的功课。学生须自己翻查字典，自己加句读，自己分章，分节。上课时，只有三件事可做：

（1）学生质问疑难，请教员帮助解释；教员可先问本班学生有能解释的没有；如没有人能解释，教员方可替他们解释。

（2）大家讨论所读的书的内容。教员提出论点，引起大家讨论；教员不当把一点钟的时间自己占据去，教员的职务在于指点出讨论的错误或不相干的讨论。

（3）教员可以随时加入一些参考资料。例如读章行严的文章时，教员应该讲民国三四年的政治形势，使学生知道他当时为什么主张调和，为什么主张联邦。

此外的方法，上文第三章已讲过，可以参用，不必重说了。

六、文法与作文

从前教作文的人大概都不懂文法，他们改文章全无标准，只靠机械的读下去，读得顺口便是，不顺口便不是，总讲不出为什么要这样做，为什么不可那样做。以后中学堂的国文教员应该有文法学的知识，不懂文法的，决不配做国文教员。所以我把文法与作文并归一个人教授。

先讲文法。

第一年，专讲国语的文法。要在一年之内，把白话文法的要旨都讲完。为什么先讲国语的文法呢？（1）因为学生有了七年的国语文，到中学一年的时候，应该把国语文中的"所以然"总括起来讲解一遍，作一个国语教育的结束。（2）因为先有了国语的文法作底子，后来讲古文的文法便有了一种参考比较的材料，便更容易懂得了（我现在编一部《国语文法草案》，不久可以成书，此地不能细说国语文法的怎样编法了）。

第二、三、四年，讲古文的文法。

（1）用书　现在还没有好文法书。最好的书自然还要算《马氏文通》。《文通》有一些错误矛盾的地方，不可盲从；《文通》又太繁了，不合中学堂教本之用。但是《文通》究竟是一部空前的奇书，古文文法学的宝库。教员应该把《文通》仔细研究一遍，懂得了，然后可以另编一部更有条理、更简明易晓的文法书。

（2）教授法　讲古文的文法，应该处处同国语的文法对照比较，指出同的地方和不同的地方，何以变了，变的理由何在，变的长处或短处在什么地方。让我举几个例：

（例一）白话说"我骗谁？"古文要说"吾谁欺？"白话说"你爱什么？你能做什么？"古文要说"客何好，客何能？"这是不同的句法。比较的结果得一条通则："若外动词的止词是一个疑问代名词，这个疑问代名词在白话里须放在外动词之后，在古文里须在外动词之前主词之后。"

（例二）《论语》阳货欲见孔子一章，阳货在路上教训了孔子一顿，孔子答应道："诺，吾将仕矣。"同类的例如"原将降矣"，"赵将亡矣"。既用表示未来的"将"字，何以又用表示完了的"矣"字呢？再看白话说："大哥请回，兄弟去了"；"大哥多喝一杯，我要走了。"这是相同的句法，比较起来，可得一条通则："凡虚拟（Subjunctive）的将来，白话与古文都用过去的动词，古文用'矣'，白话用'了'。"分得更细一点，可得两式：

甲式	乙式
虽千万人吾往矣。	起将亡矣。
我去了。	他要死了。

这种比较的教法功效最大。此外还可用批评法：由教员寻出古文中不合文法的例句，使学生指出错在何处，何以错了。我从前曾举林琴南"而方姚卒不之踣"一句，说"踣"是内动词，不该有"之"字作止词。这种不通的句子古文里极多。前天上海《晶报》上有人举《孟子》"天油然作云，沛然下雨，则苗勃然兴之矣"一句，以为"兴"是内动词，不可有"之"字作止词。这个例很可为林先生解嘲！这一类的例，使学生批评，可以增长文法的兴趣，可以免去文法的错误。

次讲作文。

（1）应该多做翻译，翻白话做古文，翻古文做白话文。翻译的用处最大：（一）练习文法的应用。例如讲动词的止词时，可令学生翻译"己所不欲，勿施于人"，"无所不能"，"他什么都不懂"……等句，使他们懂得止词的位置有种种不同的变法。（二）译长篇可使学生练习有材料的文字。做文最忌没有话说。翻译现成的长篇，先有材料作底子，再讲究怎样说法，便容易了。

（2）若是出题目做的文章，应注意几点：（一）最好是令学生自己出题目；（二）千万不可出空泛或抽象的题目；（三）题目的要件是：第一要能引起学生的兴味，第二要能引学生去收集材料，第三要能使学生运用已有的经验学识。

（3）学生平日做的笔记，杂志文章，长篇通信，都可以代替课艺。教员应该极力鼓励学生写长信，作有系统的笔记，自由发表意见。这些著作往往比敷衍的课艺高无数倍；往往有许多学生平时不能做一百字的《汉武帝论》，却能做几千字的白话通信。这种事实应该使做教员的人起一点自责的觉悟！

（4）作文的时间不可多，至多二周一次。作文都该拿下堂去做。

（5）改文章时，应该根据文法。合文法的才是通，不合文法的便是不通。每改一句，须指出根据那一条文法通则。例如有学生做了"而方姚卒不之踣"，我圈去"之"字，须说明"之"字何以不通。又如学生做了"客好何？"我改为"客何好？"或"客好何物？"也须说明古文何以不可说"客好何"。

（6）千万不可整篇涂去，由教员重作。如有内容伦理上的错误，可由教员批出，但不可代做。

七、结论

我这篇《中学国文的教授》，完全是理想的。一个人的理想自然是有限的，但我希望现在和将来的中学教育家肯给我一个试验的机会，使我这个理想的计划随时得用试验来证明那一部分可行，那一部分不可行，那一部分应该修正。没有试验的主观批评是不能使我心服的。

我演说之后，有许多人议论我的主张，他们都以为我对于中学生的期望太高了。有人说："若照胡适之的计划，现在高等师范国文部的毕业生还得重进高等小学去读书呢！"这话固然是太过，但我深信我对于中学生的国文程度的希望，并不算太高。从国民学校到中学毕业是整整的十一年。十一年的国文教育，若不能做到我所期望的程度，那便是中国教育的大失败！

再论中学的国文教学

今天的讲题是"中学的国文教学",两年前民国九年(1920年),我曾在北京发表过一次,那时候没有什么标准,全凭理想立言。两年以来,渐觉得我那些主张有一部分是禁得起试验的,有一部分是无法试验的,有一部分是不能不修正的。此次再来讲演这个题目,先就旧主张略说一说,再加以两年来修正的地方,作为我的新主张。为讲演的便利,分为以下四段:

一、假定的"中学国文标准"

我在两年前定的——中学国文的理想标准是:

(1)人人能以国语自由发表思想。

(2)人人能看平易的古书。

(3)人人能作文法通顺的古文。

(4)人人有懂得古文文学的机会。

这几个标准,我现在修改作以下三条:

(1)人人能用国语自由发表思想——作文,演说——都能明白晓畅,没有文法上的错误。这一条与旧主张第一条无大差异。我所持理由:因为国语文容易学习,容易通晓,而且实在重要。以我数年来的观察,可以说：中学生作古文的，都没有什么成绩。有许许多多中等学校毕业生都不能用古文发表他自己的思想。然而在这几年之中，能做通顺的白话文的中学生却渐渐多起来了。我们认定一个中学生至少要有一个自由发表思想的工具，故用"能作国语文"为第一个标准。

（2）国语文通顺之后，方可添授古文，使学生渐渐能看古书，能用古书。学生先学习国语文到了明白通顺的程度，然后再去学习古文，所谓"事半功倍"，自然是容易的多。学外国文也是如此，先学好了一种欧洲语言，然后再去学第二种，必定容易的多。还有一个证据是：据我们的观察和研究所得，可以断定有许多文字明白通畅的人，都不是在讲堂上听教师讲几篇唐宋八家的残篇古文而得的成绩；实在是他们平时或课堂上偷看小说而来的结果。由此我们可以知道国语可以帮助古文的学习了。

（3）作古体文但看作实习文法的工具，不看作中学国文的目的。因为在短时期内，难望学生能作长篇的古文；即使能作，也没有什么用处。这次本社年会国语国文教学分组里，黎锦熙先生提了一个议案，他说："中学作文仍应以国语文为主，……愿意学习文言文者，虽可听其自由，但只可当作随意科……"可以做个参考。

以上讲完了中学国文标准，现在讲第二段：

二、假定的"中学国文课程"

前年假定的是：国语文占四分之一，古文占四分之三。四年合计，中学课程以二十时为准：国语文所占五小时内，白话文应占二小时，语法与作文一小时，演说一小时，辩论一小时；古文所占十五小时内，古文选本应占十二小时，文法与作文应占三小时。

现在我拟定两个国文课程的标准是：

（1）在小学未受过充分的国语教育的，应该注意下列三项：

① 宜先求国语文的知识与能力。

② 继续授国语文至二、三学年，第三、四学年内，始得兼授古文，

但钟点不得过多。

③ 四学年内，作文均应以国语文为主。

（2）国语文已通畅的，也分为下列三项：

① 宜注重国语文学与国语文法学。

② 古文钟点可稍加多，但不得过全数三分之二。

③ 作文则仍应以国语文为主。

以上为中学的国文课程。以下再讲第三段：

三、国语文的教材和教授法

（1）国语文的教材：国语文的教材与九年定的大略相同，不过现在的新主张比较旧主张略有增加。

① 小说。

② 戏剧与诗歌。

③ 长篇议论文与学术文。

④ 古白话文学选本，依时代编纂，约自唐代的诗，词，语录起，至晚清为止。这种选本可使学生知道——白话文非少数人提倡来的，乃是千余年演化的结果。我们溯追上去，自现在以至于古代，各个时代都有各个时代很好的白话文，都可供我们的选择。有许多作品，如宋人的白话小词，元人的白话小令，明清人的白话小说，都是绝好的文学读物。

⑤ 国语文的文法。

（2）国语文的教授法：此与九年所拟的完全相同。

① 指定分量，由学生自修。讲堂上只有讨论，不用讲解。注入式的教授，自不容于当代的新潮流，教员在讲堂上，除了补充和讨论以外，实在没有讲解的必要。

② 用演说，辩论，作国语的实用教授法。国语文既是一种活的文字，就应当用活的语言作活的教授法。演说、辩论……都是活的教授法，都能帮助国语教学的。我可以说："长于演说的人，一定能作好的文章；

辩论家也是一样。"

各种国语教材的教授法,我在两年前已大略说过了。只有新添的"古白话文学"与"文法"两项可以提出来略说一点。

教授古白话文学时,应讲演白话文学的兴起,变迁的历史,指出选例的价值。

教授国语文法时,可略依下列之三条原则:

第一,于极短时期中,教完文法中"法式的"部分。所谓法式的部分,就是名词分几类,动词分几类,什么叫"主词"……等。

第二,然后注重国语文法的特别处。如"把他杀了"的"把"字;"我恨不得把这班贪官污吏杀的干干净净"的"的"字;"宋江杀了人了"的两个"了"字;"放了手罢"的"了"字;"那个在景阳岗上打虎的武松"的"的"字……这些都是国语文法的特别处,是应当特别注重的。

第三,改正不合文法的文句。有许多的国语文句是不合文法的,应当随时改正。比如:

"除非过半数的会员出席,大会才开得成。"

这一句的上半句用"除非",下半句不能用肯定,所以应该改为:

"除非过半数会员出席,大会是开不成的。"

如此,才能免于文法上的错误。

以上讲完了国语文,现在讲古文之部。

四、古文的教材和教授法

前年的计划之中,这一项惹起了最多的怀疑,而我自己这两年的观察也使我觉得这一项所以不能实施的原因了。现在先摘要说明我前年的主张:

(1)古文的教材:

第一学年,专读近人的文章,自梁任公到章太炎,都可选读。此外还应多看文言的小说，如《战血余腥记》《稿者传》等。

第二、三、四学年，分两种：

① 古文选本，从《老子》《檀弓》到姚鼐、曾国藩，每一个时代的重要作者，都应选入；于选本之中，包括古文文学史的性质。

② 自修的古文书，一个中学毕业生应该看过下列几部书：

史书：《资治通鉴》，或《纪事本末》等。

子书：《孟子》《墨子》《荀子》《韩非子》《淮南子》《论衡》，……

文学书：《诗经》之外，随学生性质所近，选习两三种专集，如陶潜、杜甫、王安石、苏轼等。

（2）古文教授法：

① 教员分配分量，学生自己去预备。

② 讲堂上没有逐篇逐句讲解的必要，只有质疑问难，大家讨论两项事可做。

③ 教员除解答疑难，引导讨论外，可以随时加入参考的材料。

以上是我两年前的主张。这个理想的计划，到现在看来，很像是完全失败了。教材的分量，早就有人反对了；教授古文，注重自修，大家也觉得难以实行。但这种失败，我还不肯认为根本的失败。我至今承认我当年主张的理由没有什么大错。我以为我的主张此时所以不能不失败，只为了一个原因，就是没有相当的设备。

三四年前普通见解总是愁白话文没有材料可教；现在我们才知道白话文还有一些材料可用，倒是古文竟没有相当的教材可用。我曾说，"那几本薄薄的古文读本是决不会教出什么成绩来的"。这话我至今认为不错。但除了那本古文读本之外，还有什么适当于教科的书籍吗？我提倡学生自读古书，但是有几部古书可以便于自修呢？我曾举《资治通鉴》，但现行的《资治通鉴》——宋本，百衲本，局本，石印，——哪一部可以供普通中学学生自修呢？我又说过各种"子书"，但现在的子书可有一部适用的吗？就拿最简短的《老子》来说罢，王弼本与河上公本是最通行的了；然而清朝古学大师对于《老子》的校勘训诂，——如王念孙、俞樾等——至今没有人搜集成一种便于自修的"集注"。究竟"常无欲以观其妙，常有欲以观其徼"二句应该读"常无""常有"为两小顿呢？还是读两个"欲"字作小顿呢？"常"字还是作"常常"解呢？还是依俞樾作"尚"字解呢？

我又说过《诗经》，但是《诗经》不经过一番大整理是不配作教本的。二百年来，学者专想推翻朱熹的《诗集传》，但朱《传》仍旧是社会上最通行的本子。现在有几个中学国文教员能用胡承珙、马瑞辰、陈奂一班汉学家的笺疏呢？有几个能用姚际恒或龚橙的见解呢？究竟毛《传》，郑《笺》，孔《疏》，朱《传》……哪一家对呢？究竟齐诗，鲁诗，韩诗，毛诗的异同，有没有参考比较的价值呢？究竟《关关雎鸠》一篇是泛指"后妃之德"呢？还是美文王的后妃呢？还是刺她的曾孙媳妇康王后呢？还是老老实实的一首写相思的诗呢？这一部书，经过朱熹的整理，又经过无数学者的整理，然而至今还只是一笔糊涂账；专门研究的人还弄不清楚，何况中学学生呢？若我们也糊里糊涂的把朱熹的《诗集传》做课本，叫学生把《关雎》当作"后妃之德"的诗，那就是瞒心昧己，害人子弟了！

总之，我说的"没有相当的设备"，是说古书现在还不曾经过一番相当的整理。古书不经过一番新式的整理，是不适宜于自修的，我们不看见英美学生读的莎士比亚的戏剧吗？莎士比亚生当三百年前，他的戏剧若不整理，也就不好懂了。我们试拿三百年前刻的"四开"（Quarto）"对开"（Folio）的古本《莎士比亚集》，比较现在学校用的那些有详序，有细注，有校勘记的本子，方才可以知道整理古书在教学上的重要了。

整理古书的方法，现在不能细说，只可说几个必不可少的条件：

（1）加标点符号。

（2）分段。

（3）删去繁重的，迂谬的，不必有的旧注。

（4）酌量加入必不可少的新注——这两条，我且举一个例。

《诗经》的第一首，旧序与旧注都可删去，但注下列的几处：

① "关雎"是什么？

② "洲"字，"逑"字，"芼"字。

③ "荇菜"是什么？

④ "左右流之"的"流"字，下有"之"字，明是外动词，与"水流"的"流"不同，故应加注。

⑤ "思服"二字，应酌采诸家之说，定一适当之注。

（5）校勘。用古本善本校勘异同，订正讹脱。

（6）考订真假。如《书经》的"古文"一部分是二百年来经学大师多认为假的了。如《庄子》的《说剑》《让王》《盗跖》诸篇，是宋人就认为假的了。

（7）作介绍及批评的序跋。每书应有详明的序跋，内中至少应有下列各项：

① 著作人的小传。

② 本书的历史。如序《书经》，应述"今古文"的公案。

③ 本书的价值。如序《诗经》，应指出他的文学价值。

有了这一番整理的工夫，我们就可以有一套《中学国故丛书》了。这部丛书的内容，大概有下列各种书：

（1）《诗经》　（2）《左传》　（3）《战国策》（4）《老子》

（5）《论语》　（6）《墨子》　（7）《庄子》　（8）《孟子》

（9）《荀子》　（10）《韩非子》（11）《楚辞》　（12）《史记》

（13）《淮南子》（14）《汉书》　（15）《论衡》　（16）《陶潜》

（17）《杜甫》　（18）《李白》　（19）《白居易》（20）《韩愈》

（21）《柳宗元》（22）《欧阳修》（23）《王安石》（24）《朱熹》

（25）《陆游》　（26）《杨万里》（27）《辛弃疾》（28）《马致远》

（29）《关汉卿》（30）《元曲选》（31）《明曲选》……

（这不过是随便举例，读者不可拘泥。）

有了这几十部或几百部整理过的古书，中学古文的教授便没有困难了。教材有了，自修是可能的了，教员与学生的参考材料也都有了。教员可以自由指定材料，而学生自修也就有乐无苦了。到了这个时候，我可以断定中学生的古文程度比现在大学生还要高些！大家如不相信，请努力多活几年，让我们实验给你们看！

（附记）这篇前三段是用杨君的笔记，末一段是我后来重做的。

一个最低限度的国学书目

序　言

这个书目是我答应清华学校胡君敦元等四个人拟的。他们都是将要往外国留学的少年，很想在短时期中得着国故学的常识。所以我拟这个书目的时候，并不为国学有根柢的人设想，只为普通青年人想得一点系统的国学知识的人设想。这是我要声明的第一点。

这虽是一个书目，却也是一个法门。这个法门可以叫做"历史的国学研究法"。这四五年来，我不知收到多少青年朋友询问"治国学有何门径"的信。我起初也学着老前辈们的派头，劝人从"小学"入手，劝人先通音韵训诂。我近来忏悔了！那种话是为专家说的，不是为初学人说的；是学者装门面的话，不是教育家引人入胜的法子。音韵训诂之学自身还不曾整理出个头绪系统来，如何可作初学人的入手工夫？十几年的经验使我不能不承认音韵训诂之学只可以作"学者"的工具，而不是"初学"的门径。老实说来，国学在今日还没有门径可说；那些国学有成绩的人大都是下死工夫笨干出来的。死工夫固是重要，但究竟不是初学的门径。对初学人说法，须先引起他的真兴趣，他然后肯下死工夫。在这个没有门径的时候，我曾想出一个下手方法来：就是用历史的线索做我们的天然系统，用这个天然继续演进的顺序做我们治国学的历程。这个书目便是依着这个观念做的。这个书目的顺序便是下手的法门。这是我要声明的第二点。

这个书目不单是为私人用的，还可以供一切中小学校图书馆及地方公共图书馆之用。所以每部书之下，如有最易得的版本，皆为注出。

（一）工具之部

《书目举要》（周贞亮，李之鼎）。南城宜秋馆本。这是书目的书目。

《书目答问》（张之洞）。刻本甚多，近上海朝记书庄有石印"增辑本"最易得。

《四库全书总目提要》，附存目录。广东图书馆刻本，又点石斋石印本最方便。

《汇刻书目》（顾修）。顾氏原本已不适用，当用朱氏增订本，或上海、北京书店翻印本，北京有益堂翻本最廉。

《续汇刻书目》（罗振玉）。双鱼堂刻本。

《史姓韵编》（汪辉祖）。刻本稍贵，石印本有两种。此为《廿四史》的人名索引，最不可少。

《中国人名大辞典》。商务印书馆。

《历代名人年谱》（吴荣光）。北京晋华书局新印本。

《世界大事年表》（傅运森）。商务印书馆。

《历代地理韵编》，《清代舆地韵编》（李兆洛）。广东图书馆本，又坊刻《李氏五种》本。

《历代纪元编》（六承如）。《李氏五种》本。

《经籍籑诂》（阮元等）。点石斋石印本可用。读古书者，于寻常字典外，应备此书。

《经传释词》（王引之）。通行本。

《佛学大辞典》（丁福保等译编）。上海医学书局。

（二）思想史之部

《中国哲学史大纲》上卷（胡适）。商务印书馆。

二十二子：《老子》《庄子》《管子》《列子》《墨子》《荀子》《尸子》《孙子》《孔子集语》《晏子春秋》《吕氏春秋》《贾谊新书》《春秋繁露》《扬子法言》《文子缵义》《黄帝内经》《竹书纪年》《商君书》《韩非子》《淮南子》《文中子》《山海经》。

浙江公立图书馆（即浙江书局）刻本。上海有铅印本亦尚可用。汇刻子书，以此部为最佳。

《四书》（《论语》《大学》《中庸》《孟子》）。最好先看白文，或用朱熹集注本。

《墨子间诂》（孙诒让）。原刻本，商务印书馆影印本。

《庄子集释》（郭庆藩）。原刻本，石印本。

《荀子集注》（王先谦）。原刻本，石印本。

《淮南鸿烈集解》（刘文典）。商务印书馆出版。

《春秋繁露义证》（苏舆）。原刻本。

《周礼》。通行本。

《论衡》（王充）。通津草堂本（商务印书馆影印）；湖北崇文书局本。

《抱朴子》（葛洪）。平津馆丛书本最佳，亦有单行的；湖北崇文书局本。

《四十二章经》。金陵刻经处本。以下略举佛教书。

《佛遗教经》。同上。

《异部宗轮论述记》（窥基）。江西刻经处本。

《大方广佛华严经》（东晋译本）。金陵刻经处。

《妙法莲华经》（鸠摩罗什译）。同上。

《般若纲要》（葛鼒）。《大般若经》太繁，看此书很够了。扬州藏经院本。

《般若波罗密多心经》（玄奘译）。

《金刚般若波罗密经》（鸠摩罗什译，菩提流支译，真谛译）。以上两书，流通本最多。

《阿弥陀经》（鸠摩罗什译）。此书译本与版本皆极多，金陵刻经处有《阿弥陀经要解》（智旭）最便。

《大方广圆觉了义经》（即《圆觉经》）（佛陀多罗译）。金陵刻经处白文本最好。

《十二门论》（鸠摩罗什译）。金陵刻经处本。

《中论》（同上）。扬州藏经院本。

以上两种，为三论宗《三论》之二。

《三论玄义》（隋吉藏撰）。金陵刻经处本。

《大乘起信论》（伪书）。此虽是伪书，然影响甚大。版本甚多，金陵刻经处有沙门真界纂注本颇便用。

《大乘起信论考证》（梁启超）。此书介绍日本学者考订佛书真伪的方法，甚有益。商务印书馆将出版。

《小止观》（一名《童蒙止观》，智顗撰）。天台宗之书不易读，此书最便初学。金陵刻经处本。

《相宗八要直解》（智旭直解）。金陵刻经处本。

《因明入正理论疏》（窥基疏）。金陵刻经处本。

《大慈恩寺三藏法师传》（慧立撰）。玄奘为中国佛教史上第一伟大人物，此传为中国传记文学之大名著。常州天宁寺本。

《华严原人论》（宗密撰）。有正书局有合解本，价最廉。

《坛经》（法海录）。流通本甚多。

《古尊宿语录》。此为禅宗极重要之书，坊间现尚无单行刻本。《大藏经》缩刷本腾字四至六。

《宏明集》（梁僧祐集）。此书可考见佛教在晋、宋、齐、梁士大夫间的情形。金陵刻经处本。

《韩昌黎集》（韩愈）。坊间流通本甚多。

《李文公集》（李翱）。《三唐人集》本。

《柳河东集》（柳宗元）。通行本。

《宋元学案》（黄宗羲，全祖望等）。冯云濠刻本，何绍基刻本，光绪五年长沙重刊本。坊间石印本不佳。

《明儒学案》（黄宗羲）。莫晋刻本最佳。坊间通行有江西本，不佳。

以上两书，保存原料不少，为宋、明哲学最重要又最方便之书。此下所列，乃是补充这两书之缺陷，或是提出几部不可不备的专家集子。

《直讲李先生集》（李觏）。商务印书馆印本。

《王临川集》（王安石）。通行本。商务印书馆影印本。

《二程全书》（程颢、程颐）。六安涂氏刻本。

《朱子全书》（朱熹）。六安涂氏刻本；商务印书馆影印本。

《朱子年谱》（王懋竑）。广东图书馆本，湖北局本。此书为研究朱子最不可少之书。

《陆象山全集》（陆九渊）。上海江左书林铅印本很可用。

《陈龙川全集》（陈亮）。通行本。

《叶水心全集》（叶适）。通行本。

《王文成公全书》（王守仁）。浙江图书馆本。

《困知记》（罗钦顺）。嘉庆四年翻明刻本。正谊堂本。

《王心斋先生全集》（王艮）。近年东台袁氏编订排印本最好，上海国学保存会寄售。

《罗文恭公全集》（罗洪先）。雍正问刻本，《四库全书》本与此本同。

《胡子衡齐》（胡直）。此书为明代哲学中一部最有条理又最有精彩之书。《豫章丛书》本。

《高子遗书》（高攀龙）。无锡刻本。

《学蔀通辨》（陈建）。正谊堂本。

《正谊堂全书》（张伯行编）。这部丛书搜集程朱一系的书最多，欲研究"正统派"的哲学的，应备一部，全书六百七十余卷，价约三十元。初刻本已不可得，现行者为同治间补刻本。

《清代学术概论》（梁启超）。商务印书馆。

《日知录》（顾炎武）。用黄汝成《集释》本。通行本。

《明夷待访录》（黄宗羲）。单行本。扫叶山房《梨洲遗著汇刊》本。

《张子正蒙注》（王夫之）。《船山遗书》本。

《思问录内外篇》（王夫之）。同上。

《俟解》一卷，《噩梦》一卷（王夫之）。同上。

《颜李遗书》（颜元，李塨）。《畿辅丛书》本可用。北京四存学会增补全书本。

《费氏遗书》（费密）。成都唐氏刻本。（北京大学出版部寄售）

《孟子字义疏证》（戴震）。《戴氏遗书》本。国学保存会有铅印本，但已卖缺了。

《章氏遗书》（章学诚）。浙江图书馆排印本，上海刘翰怡新刻全书本。

《章实斋年谱》（胡适）。商务印书馆出版。

《崔东壁遗书》（崔述）。道光四年陈履和刻本；《畿辅丛书》本只有《考信录》，亦可够用了。全书现由亚东图书馆重印，不久可出版。

《汉学商兑》（方东树）。此书无甚价值，但可考见当日汉宋学之争。单行本，朱氏《槐庐丛书》本。

《汉学师承记》（江藩）。通行本，附《宋学师承记》。

《新学伪经考》（康有为）。光绪辛卯初印本；新刻本只增一序。

《史记探源》（崔适）。初刻本；北京大学出版部排印本。

《章氏丛书》（章炳麟）。康宝忠等排印本；浙江图书馆刻本。

（三）文学史之部

《诗经集传》（朱熹）。通行本。

《诗经通论》（姚际恒）。闻商务印书馆将重印。

《诗本谊》（龚橙）。浙江图书馆《半广丛书》本。

《诗经原始》（方玉润）。闻商务印书馆不久将有重印本。

《诗毛氏传疏》（陈奂）。《清经解续编》卷七百七十八以下。

《檀弓》《礼记》第二篇。

《春秋左氏传》。通行本。

《战国策》。商务印书馆有铅印补注本。

《楚辞集注》，附《辨证后语》（朱熹）。通行本；扫叶山房有石印本。

《全上古三代秦汉三国六朝文》（严可均编）。广雅局本。此书搜集最富，远胜于张溥的《汉魏六朝百三家集》。

《全汉三国晋南北朝诗》（丁福保编）。上海医学书局出版。

《古文苑》（章樵注）。江苏书局本。

《续古文苑》（孙星衍编）。江苏书局本。

《文选》（萧统编）。上海会文堂有石印胡刻李善注本最方便。

《文心雕龙》（刘勰）。原刻本；通行本。

《乐府诗集》（郭茂倩编）。湖北书局刻本。

《唐文粹》（姚铉编）。江苏书局本。

《唐文粹补遗》（郭麟编）。同上。

《全唐诗》（康熙朝编）。扬州原刻本，广州本，石印本，五代词亦在此中。

《宋文鉴》（吕祖谦编）。江苏书局本。

《南宋文范》（庄仲方编）。同上。

《南宋文录》（董兆熊编）。同上。

《宋诗抄》（吕留良、吴之振等编）。商务印书馆本。

《宋诗抄补》（管庭芬等编）。商务印书馆本。

《宋六十家词》（毛晋编）。汲古阁本，广州刊本，上海博古斋石印本。

《四印斋王氏所刻宋元人词》（王鹏运编刻）。原刻本，板存北京南阳山房。

《彊邨所刻词》（朱祖谋编刻）。原刻本。王、朱两位刻的词集都很精，这是近人对于文学史料上的大贡献。

《太平乐府》（杨朝英编）。《四部丛刊》本。

《阳春白雪》（杨朝英编）。南陵徐氏《随庵丛书》本。

以上两种为金元人曲子的选本。

《董解元弦索西厢》（董解元）。刘世珩、暖红室汇刻传奇本。

《元曲选一百种》（臧晋叔编）。商务印书馆有影印本。

《金文最》（张金吾编）。江苏书局本。

《元文类》（苏天爵编）。同上。

《宋元戏曲史》（王国维）。商务印书馆本。

《京本通俗小说》。这是七种南宋的话本小说，上海蟬隐庐《烟画东堂小品》本。

《宣和遗事》。《士礼居丛书》本；商务印书馆有排印本。

《五代史平话》残本。董康刻本。

《明文在》（薛熙编）。江苏书局本。

《列朝诗集》（钱谦益编）。国学保存会排印本。

《明诗综》（朱彝尊编）。原刻本。

《六十种曲》（毛晋编刻）。汲古阁本。此书善本已不易得。

《盛明杂剧》（沈泰编）。董康刻本。

《暖红室汇刻传奇》（刘世珩编刻）。原刻本。

《笠翁十二种曲》（李渔）。原刻巾箱本。

《九种曲》（蒋士铨）。原刻本。

《桃花扇》（孔尚任）。通行本。

《长生殿》（洪昇）。通行本。

清代戏曲多不胜举；故举李、蒋两集，孔、洪两种历史戏，作几个例而已。

《曲苑》。上海古书流通处（？）编印本。此书汇集关于戏曲的书十四种，中如焦循《剧说》，如梁辰鱼《江东白苧》，皆不易得。石印本价亦廉，故存之。

《缀白裘》。这是一部传奇选本，虽多是零篇，但明末清初的戏曲名著都有代表的部分存在此中。在戏曲总集中，这也是一部重要书了。通行本。

《曲录》（王国维）。《晨风阁丛书》本。

《湖海文传》（王昶编）。所选都是清朝极盛时期的文章，最可代表清朝"学者的文人"的文学。原刻本。

《湖海诗传》（王昶编）。原刻本。

《鲒埼亭集》（全祖望）。借树山房本。

《惜抱轩文集》（姚鼐）。通行本。

《大云山房文稿》（恽敬）。四川刻本，南昌刻本。

《文史通义》（章学诚）。贵阳刻本，浙江局本，铅印本。

《龚定盦全集》（龚自珍）。万本书堂刻本。国学扶轮社本。

《曾文正公文集》（曾国藩）。《曾文正全集》本。

清代古文专集，不易选择，我经过很久的考虑，选出全、姚、恽、章、龚、曾六家来作例。

《吴梅村诗》（吴伟业）《梅村家藏稿》。（董康刻本，商务印书馆影印本）本，无注；此外有靳荣藩《吴诗集览》本，有吴翌凤《梅村诗集笺注》本。

《瓯北诗钞》（赵翼）。《瓯北全集》本，单行本。

《两当轩诗钞》（黄景仁）。光绪二年重刻本。

《巢经巢诗钞》（郑珍）。贵州刻本；北京有翻刻本，颇有误字。

《秋蟪吟馆诗钞》（金和）。铅印全本；家刻本略有删减。

《人境庐诗钞》（黄遵宪）。日本铅印本。

清代诗也很难选择。我选梅村代表初期，瓯北与仲则代表乾隆一期；郑子尹与金亚匏代表道、咸、同三期；黄公度代表末年的过渡时期。

明、清两朝小说：

《水浒传》。亚东图书馆三版本。

《西游记》（吴承恩）。亚东图书馆再版本。

《三国志》。亚东图书馆本。

《儒林外史》（吴敬梓）。亚东图书馆四版本。

《红楼梦》（曹霑）。亚东图书馆三版本。

《水浒后传》（陈忱，自署古宋遗民）。此书借宋徽、钦二帝事来写明末遗民的感慨，是一部极有意义的小说。亚东图书馆《水浒续集》本。

《镜花缘》（李汝珍）。此书虽有"掉书袋"的毛病，但全篇为女子争平等的待遇，确是一部很难得的书。亚东图书馆本。

以上各种，均有胡适的考证或序，搜集了文学史的材料不少。

《今古奇观》。通行本。可代表明代的短篇。

《三侠五义》。此书后经俞樾修改，改名《七侠五义》。此书可代表北方的义侠小说。旧刻本《七侠五义》流通本较多。亚东图书馆不久将有重印本。

《儿女英雄传》（文康）。蜚英馆石印本最佳；流通本甚多。

《九命奇冤》（吴沃尧）。广智书局铅印本。

《恨海》（吴沃尧）。通行本甚多。

《老残游记》（刘鹗）。商务印书馆铅印本。

以上略举十三种，代表四五百年的小说。

《五十年来的中国文学》（胡适）。

（跋）文学史一部，注重总集；无总集的时代，或总集不能包括的文人，始举别集。因为文集太多，不易收买，尤不易遍览，故为初学人及小图书馆计，皆宜先从总集下手。

青年人的苦闷

今年6月2日早晨,一个北京大学一年级学生,在悲观与烦闷之中,写了一封很沉痛的信给我。这封信使我很感动,所以我在那个6月2日的半夜后写了一封一千多字的信回答他。

我觉得这个青年学生诉说他的苦闷不仅是他一个人感受的苦闷,他要解答的问题也不仅是他一个人要问的问题。今日无数青年都感觉大同小异的苦痛与烦闷,我们必须充分了解这件绝不容讳饰的事实,我们必须帮助青年人解答他们渴望解答的问题。

这个北大一年级学生来信里有这一段话:

>生自小学毕业到中学,过了八年沦陷生活,苦闷万分,夜中偷听后方消息,日夜企盼祖国胜利,在深夜时暗自流泪,自恨不能为祖国作事。……但胜利后,我们接收大员及政府所表现的,实在太不像话。……生从沦陷起对政府所怀各种希望完全变成失望,且曾一度悲观到萌自杀的念头。……自四月下旬物价暴涨,同时内战更打的起劲。生亲眼见到同胞受饥饿而自杀,以及内战的惨酷,联想到祖国的今后前途,不禁悲从中来,原因是生受过敌人压迫,实再怕作第二次亡国奴!……我伤心,我悲哀,同时我绝望——

在绝望的最后几分钟，问您几个问题。

他问了我七个问题，我现在挑出这三个：

一，国家是否有救？救的方法为何？

二，国家前途是否绝望？若有，希望在那里？请具体示知。

三，青年人将苦闷死了，如何发泄？

以上我摘抄这个青年朋友的话，以下是我答复他的话的大致，加上后来我自己修改引申的话。这都是我心里要对一切苦闷青年说的老实话。

我们今日所受的苦痛，都是我们这个民族努力不够的当然结果。我们事事不如人：科学不如人，工业生产不如人，教育不如人，知识水准不如人，社会政治组织不如人；所以我们经过了八年的苦战，大破坏之后，恢复很不容易。人家送兵船给我们，我们没有技术人才去驾驶。……胜利之后敌人留下了多少大工厂，——而我们没有技术人才去接收使用，继续生产，所以许多烟囱不冒烟了，机器上了锈，无数老百姓失业了！

青年人的苦闷失望——其实岂但青年人苦闷失望吗？——最大原因都是因为我们前几年太乐观了，大家都梦想"天亮"，都梦想一旦天亮之后就会"天朗气清，惠风和畅"，有好日子过了！

这种过度的乐观是今日一切苦闷悲观的主要心理因素。大家在那"夜中偷听后方消息，日夜企盼祖国胜利"的心境里，当然不会想到战争是比较容易的事，而和平善后是最困难的事。在胜利的初期，国家的地位忽然抬高了，从一个垂亡的国家一跳就成了世界上第四强国了！大家在那狂喜的心境里，更不肯去想想坐稳那世界第四把交椅是多大困难的事业。天下哪有科学落后，工业生产落后，政治经济社会组织事事落后的国家可以坐享世界第四强国的福分！

试看世界的几个先进国家，战胜之后，至今都还不能享受和平的清福，都还免不了饥饿的恐慌。美国是唯一的例外。前年11月我到英国，住在伦敦第一等旅馆里，整整三个星期，没有看见一个鸡蛋！我到英国公教人员家去，很少人家有一盒火柴，却只用小木片向炉上点火供客。大多数人的衣服都是旧的补丁的。试想英国在三十年前多么威风！在第二次大战之中，英国人一面咬牙苦战，一面都明白战胜之后英国的殖民地必须丢去一大半，英国必须降为二等大国，英国人民必须吃大苦痛。但英国人的知识水准高，大家绝不悲观，都能明白战后恢复工作的巨大与艰难，必须靠大家束紧裤带，挺起脊梁，埋头苦干。

我们中国今日无数人的苦闷悲观，都由于当年期望太奢而努力不够。我们在今日必须深刻的了解：和平善后要比八年抗战困难的多多。大战时须要吃苦努力，胜利之后更要吃苦努力，才可以希望在十年二十年之中做到一点复兴的成绩。

国家当然有救，国家的前途当然不绝望。这一次日本的全面侵略，中国确有亡国的危险。我们居然得救了。现存的几个强国，除了一个国家还不能使我们完全放心之外，都绝对没有侵略我们的企图。我们的将来全靠我们自己今后如何努力。

正因为我们今日的种种苦痛都是从前努力不够的结果，所以我们将来的恢复与兴盛决没有捷径，只有努力工作一条窄路，一点一滴的努力，一寸一尺的改善。

悲观是不能救国的，呐喊是不能救国的，口号标语是不能救国的，责人而自己不努力是不能救国的。

我在二十多年前最爱引易卜生对他的青年朋友说的一句话："你要想有益于社会，最好的法子莫如把自己这块材料铸造成器。"我现在还要把这句话赠送给一切悲观苦闷的青年朋友。社会国家需要你们作最大的努力，所以你们必须先把自己这块材料铸造成有用的东西，方才有资格为社会国家努力。

今年4月16，美国南加罗林那州（今译南卡罗来纳州）的州议会举行了一个很隆重的典礼，悬挂本州最有名的公民巴鲁克（Bernard M. Barmch）的画像在州议会的壁上，请巴鲁克先生自己来演说。巴鲁克先生今年七十七岁了，是个犹太种的美国大名人。当第一次世界大战时，威尔逊总统的国

胡适谈读书与做人

防顾问，是原料委员会的主任，后来专管战时工业原料。巴黎和会时，他是威尔逊的经济顾问。当第二次世界大战时，他是战时动员总署的专家顾问，是罗斯福总统特派的人造橡皮研究委员会的主任。战争结束后，他是总统特任的原子能管理委员会的主席。他是两次世界大战都曾出大力有大功的一个公民。

这一天，这位七十七岁的巴鲁克先生起来答谢他的故乡同胞对他的好意，他的演说辞是广播全国对全国人民说的。他的演说，从头至尾，只有一句话：美国人民必须努力工作，必须为和平努力工作，必须比战时更努力工作。

巴鲁克先生说："现在许多人说借款给人可以拯救世界，这是一个最大的错觉。只有人们大家努力做工可以使世界复兴，如果我们美国愿意担负起保存文化的使命，我们必须作更大的努力，比我们四年苦战还更大的努力。我们必须准备出大汗，努力撙节，努力制造世界人类需要的东西，使人们有面包吃，有衣服穿，有房子住，有教育，有精神上的享受，有娱乐。"

他说："工作是把苦闷变成快乐的炼丹仙人。"他又说，美国工人现在的工作时间太短了，不够应付世界的需要。他主张：如果不能回到每周六天，每天八小时的工作时间，至少要大家同心做到每周四十四小时的工作；不罢工，不停顿，才可以做出震惊全世界的工作成绩来。

巴鲁克先生最后说："我们必须认清：今天我们正在四面包围拢来的通货膨胀的危崖上，只有一条生路，那就是工作。我们生产越多，生活费用就越减低；我们能购买的货物也就越加多，我们的剩余力量（物质的，经济的，精神的）也就越容易积聚。"

我引巴鲁克先生的演说，要我们知道，美国在这极强盛极光荣的时候，他们远见的领袖还这样力劝全国人民努力工作。"工作是把苦闷变成快乐的炼丹仙人。"我们中国青年不应该想想这句话吗？

领袖人才的来源

北京大学教授孟森先生前天寄了一篇文字来，题目是论"士大夫"（见《独立》第十二期）。他下的定义是：

"士大夫"者，以自然人为国负责，行事有权，败事有罪，无神圣之保障，为诛殛所可加者也。

虽然孟先生说的"士大夫"，从狭义上说，好像是限于政治上负大责任的领袖，然而他又包括孟子说的"天民"一级不得位而有绝大影响的人物，所以我们可以说，若用现在的名词，孟先生文中所谓"士大夫"应该可以叫做"领袖人物"，省称为"领袖"。孟先生的文章是他和我的一席谈话引出来的，我读了忍不住想引申他的意思，讨论这个领袖人才的问题。

孟先生此文的言外之意是叹息近世居领袖地位的人缺乏真领袖的人格风度，既抛弃了古代"士大夫"的风范，又不知道外国的"士大夫"的流风遗韵，所以成了一种不足表率人群的领袖。他发愿要搜集中国古来的士大夫人格可以做后人模范的，做一部《士大夫集传》；他又希望有人搜集外国士大夫的精华，做一部《外国模范人物集传》。这都是很应该做的工作，也许是很有效用的教育材料。我们知道《新约》里的几种耶稣传记影响了无数人的人格；我们知道布鲁达克（Plutarch）（今译普鲁塔克）的英雄传影响了后世许多的人物。欧洲的传记文学发达的最完备，历史上重要人物都有很详细的传记，往往有一篇传记长至几十万言的，也往往有一个人的传记多至几十种的。这种传记的翻译，倘使有审慎的选择和忠实明畅的译笔，应该可以使我们多知道一点西洋的领袖人物的嘉言懿行，间接的可以使我们对于西方民族的生活方式得一点具体的了解。

中国的传记文学太不发达了，所以中国的历史人物往往只靠一些干燥枯窘的碑版文字或史家列传流传下来；很少的传记材料是可信的，可读的已很少了；至于可歌可泣的传记，可说是绝对没有。我们对于古代大人物的认识，往往只全靠一些很零碎的轶事琐闻。然而我至今还记得我做小孩子时代读的朱子《小学》里面记载的几个可爱的人物，如汲黯、陶渊明之流。朱子记陶渊明，只记他做县令时送一个长工给他儿子，附去一封家信，说："此亦人子也，可善遇之。"这寥寥九个字的家书，印在脑子里，也颇有很深刻的效力，使我三十年来不敢轻用一句暴戾的辞气对待那帮我做事的人。这一个小小例子可以使我承认模范人物的传记，无论如何不详细，只须剪裁的得当，描写的生动，也未尝不可以做少年人的良好教育材料，也未尝不可介绍一点做人的风范。

但是传记文学的贫乏与忽略，都不够解释为什么近世中国的领袖人物这样稀少而又不高明。领袖的人才决不是光靠几本《士大夫集传》就能铸造成功的。"士大夫"的稀少，只是因为"士大夫"在古代社会里自成一个阶级，而这个阶级久已不存在了。在南北朝的晚期，颜之推说：

> 吾观《礼经》，圣人之教，箕帚匕箸，咳唾唯诺，执烛沃盥，皆有节文，亦为至矣。但（《礼经》）既残缺非复全书，其有所不载，及世事变改者，学达君子自为节度，相承行之。故世号"士大夫风操"。而家门颇有不同，所见互称长短。然其阡陌亦自可知。（《颜氏家训·风操》第六）

在那个时代，虽然经过了魏、晋旷达风气的解放，虽然经过了多少战祸的摧毁，"士大夫"的阶级还没有完全毁灭，一些名门望族都竭力维持他们的门阀。帝王的威权，外族的压迫，终不能完全消灭这门阀自卫的阶级观念。门阀的争存不全靠声势的煊赫，子孙的贵盛。他们所倚靠的是那"士大夫风操"，即是那个士大夫阶级所用来律己律人的生活典型。叩如颜氏一家，遭遇亡国之祸，流徙异地，然而颜之推所最关心的还是"整齐门内，提撕子孙"，所以他著作家训，留作他家子孙的典则。隋、唐以后，门阀的自尊还能维持这"士大夫风操"至几百年之久。我们看唐朝柳氏和宋朝吕氏、司马氏的家训，还可以想见当日士大夫的风范的保存是全靠那种整齐严肃的士大夫阶级的教育的。

然而这士大夫阶级终于被科举制度和别种政治和经济的势力打破了。元、明以后，三家村的小儿只消读几部刻板书，念几百篇科举时文，就可以有登科作官的机会；一朝得了科第，像《红鸾禧》戏文里的丐头女婿，自然有送钱投靠的人来拥戴他去走马上任。他从小学的是科举时文，从来没有梦见过什么古来门阀里的"士大夫风操"的教育与训练，我们如何能期望他居士大夫之位要维持士大夫的人品呢？

以上我说的话，并不是追悼那个士大夫阶级的崩坏，更不是希冀那种门阀训练的复活。我要指出的是一种历史事实。凡成为领袖人物的，固然必须有过人的天资做底子，可是他们的知识见地，做人的风度，总得靠他们的教育训练。一个时代有一个时代的"士大夫"，一个国家有一个国家的范型式的领袖人物。他们的高下优劣，总都逃不出他们所受的教育训练的势力。某种范型的训育自然产生某种范型的领袖。

这种领袖人物的训育的来源，在古代差不多全靠特殊阶级（如中国古代的士大夫门阀，如日本的贵族门阀，如欧洲的贵族阶级及教会）的特殊训练。在近代的欧洲则差不多全靠那些训练领袖人才的大学。欧洲之有今日的灿烂文化，差不多全是中古时代留下的几十个大学的功劳。近代文明有四个基本源头：一是文艺复兴，二是十六七世纪的新科学，三是宗教革新，四是工业革命。这四个大运动的领袖人物，没有一个不是大学的产儿。中古时代的大学诚然是幼稚的可怜，然而意大利有几个大学都有一千年的历史；巴黎，牛津，康桥都有八九百年的历史；欧洲的有名大学，多数是有几百年的历史的；最新的大学，如莫斯科大学也有一百八十多年了，柏林大学是一百二十岁了。有了这样长期的存在，才有积聚的图书设备，才有集中的人才，才有继长增高的学问，才有那使人依恋崇敬的"学风"。至于今日，西方国家的领袖人物，哪一个不是从大学出来的？即使偶有三五个例外，也没有一个不是直接间接受大学教育的深刻影响的。

在我们这个不幸的国家，一千年来，差不多没有一个训练领袖人才的机关。贵族门阀是崩坏了，又没有一个高等教育的书院是有持久性的，也没有一种教育是训练"有为有守"的人才的。五千年的古国，没有一个三十年的大学！八股试帖是不能造领袖人才的，做书院课卷是不能造领袖人才的，当日最高的教育，——理学与经学考据——也是不能造领袖人才的。现在这些东西都快成了历史陈迹了，然而这些新起的"大学"，东抄西袭的课程，朝三暮四的学制，七零八落的设备，四成五成的经费，朝秦暮楚的校长，东家宿而西家餐的教员，十日一雨五日一风的学潮，——也都还没有造就领袖人才的资格。

丁文江先生在《中国政治的出路》（《独立》第十一期）里曾指出"中国的军事教育比任何其他的教育都要落后"，所以多数的军人都"因为缺乏最低的近代知识和训练，不足以担任国家的艰巨"。其实他太恭维"任何其他的教育"了！茫茫的中国，何处是训练大政治家的所在？何处是养成执法不阿的伟大法官的所在？何处是训练财政经济专家学者的所在？何处是训练我们的思想大师或教育大师的所在？

领袖人物的资格在今日已不比古代的容易了。在古代还可以有刘邦、刘裕一流的枭雄出来平定天下，还可以像赵普那样的人妄想用"半部《论语》治天下"。在今日的中国，领袖人物必须具备充分的现代见识，必须有充分的现代训练，必须有足以引起多数人信仰的人格。这种资格的养成，在今日的社会，除了学校，别无他途。

我们到今日才感觉整顿教育的需要，真有点像"临渴掘井"了。然而治七年之病，终须努力求三年之艾。国家与民族的生命是千万年的。我们在今日如果真感觉到全国无领袖的苦痛，如果真感觉到"盲人骑瞎马"的危机，我们应当深刻的认清只有咬定牙根来彻底整顿教育，稳定教育，提高教育的一条狭路可走。如果这条路上的荆棘不扫除，虎狼不驱逐，奠基不稳固；如果我们还想让这条路去长久埋没在淤泥水潦之中，——那么，我们这个国家也只好长久被一班无知识无操守的浑人领导到沉沦的无底地狱里去了。

报纸文字应该完全用白话

近几年来,中国报纸的趋势有两点最可注意:第一是点句的普遍;第二是白话部分的逐渐增加。这两件事其实只是一件事,都只是要使看报人容易了解,都只是要使报纸的文字容易懂得。

古书的难懂,不全在文字的难认;识了几千字的人,往往还不能读没有句读的书。所以古时凡要人容易懂得的文字,必须加上句读。所以童蒙读本有句读,告示有朱笔句读,佛经刻本有句读,诉状公牍必须点句,科举考卷也要作者自己点句。平民社会最流行的唱本和戏文也须每句每顿空一格,这也是一种点句法。从前北京销行下层社会最广的《群强报》,他的新闻差不多全是剪抄普通报纸的新闻,不过每句每读留一个空格,居然也就好懂多了。最早的报纸,如南方的《申报》《新闻报》,如北方的《大公报》,都不点句,也不空格。最早的杂志如《清议报》《时务报》,也都不点句。这种日报杂志本来都是给读书人看的,所以没有断句的必要。断句就是瞧不起列位看官了!只有一班志士为老百姓办的官话报或俗话报,才有空格断句的方法。圈点的采用起于《新民丛报》时代的杂志;而最先影响到日报的社论一栏。《时报》《南方报》《神州日报》的论说都是采用圈点最早的。但当时的圈点都还是文章家浓圈密点的欣赏符号,至多也不过是引人注意的符号,还不全是为了谋一般读者便利的断句符号。新式句读符号的采用，起于留美学生办的《科学》杂志。民国七年（1918年）以后，《新青年》杂志开始用新式句读符号。后来北大教授们提出的"标点符号案"经教育部颁布之后，"标点符号"的名称就正式成立了，标点的采用也更广了。日报的"副刊"盛行之后，各报都找少年作家来办副刊，而少年作家得风气较先，所以标点符号最早侵入了各报的副刊里。可是日报的访员与编辑都还是旧人居多，所以新闻栏的采用点句法不过是最近几年的事。近年的新式广告也渐渐有采用标点的了。报纸有了点句，稍识字的人就能看报，报纸的销路也自然增加了。所以新闻点句的风气现在差不多普及全国的报界了。

用白话做文章，这也是近十六年的新风气。十六年前，白话报是为"他们"老百姓办的，不是给"我们"读书人看的。民国七年复活的《新青年》杂志才有一班文人决心用白话为"我们"自己写文章。民国十年以后才有国语的小学教科书。八年的"五四"运动以后，国内发生了无数的白话小杂志，造成了许多少年的白话文作家。十几年来，国内的杂志，除了极少数的几种之外，差不多完全白话化了。日报"副刊"的编者与作者大都是新少年，所以白话化的也特别早。所以日报的白话化，同日报的标点分段一样，是从"报屁股"上白起的。现在有许多日报已经白到头上了，白话化到社论栏里了。可是中间的大部分——电报与新闻——都还是文言。试取天津两家最大的日报来作统计：

	《大公报》1月4日	《益世报》1月3日
总计	十四版	十四版
文言合计	四版	三版半
白话合计	二版半	二版半
广告合计	七版	八版
图画	半版	零

在十四版之中，白话所占篇幅还不到百分之十八。在《大公报》的六版半的读物之中，白话只占百分之三十八。然而从日报的历史上看来，这

胡适谈读书与做人

样的比例也就很可以使我们乐观了。十六年的工夫，能使日报的文字变到百分之四十的白话化，这不能不算是很大的进步了。

报纸的文字越易懂，销路自然越好，影响也自然越大。这是人人都知道的。然而今日国内日报何以还不肯完全用白话作社论写新闻呢？

我想，这时候全用白话办日报，的确还有不少的困难：第一是用白话打电报，字数比文言多，电报费太重。第二是用白话记载新闻，字数也比文言多，占篇幅太多。但仔细一想，这些困难都不是无法解决的。西洋人发电报也有删削虚字等等省费方法，报馆访员发电删略更多，几乎成一种特别文字，非受过报馆训练的人就完全看不懂。但通信社与报馆都有一种"改写"（rewrite）的制度，有专员多人管理电报的改写。每到一个电报，即付改写部，把一篇删节缩写的简电改成通畅明白的文字。改写之后，再交编辑部去编排整理。往往几十个字的电文可以改写成几百字的长篇新闻。其实中国的报馆现在早已有了"改写"的需要，如电文中"鱼"下加注"六日"，"啸"下加注"十八日"，"汪"下加注"精卫"，都是改写的起点。不过中国报馆的编辑先生至今还不肯删去"鱼""啸"等字，老实改作"六日""十八日"，因为报馆要表示他们的确有钱打专电，若删去了"鱼""啸"等字就不像"本馆专电"了！若能推广这种"改写"的方法，电文不妨仍旧用简短的文字，只须这一头收电时有个渊博能文的改写专家，就可以把简短删略的电文改作漂亮明畅的白话了。

至于新闻的记载，更不成问题。新闻本是今天的事，应该用今天的活言语记载；对新闻记者谈话当然更应该用白话记录，才可以传神传信。有经验的访员，若能抓住事实的纲领或谈话的中心，用白描的文字去描写记录，自然能扼要而不烦琐。现在各报的记事记言，往往都是把活人的言行翻作死人的文字，记录的人又往往没有文学的训练，所以只能用许多陈词滥调来作文章，所以往往在一段比球的记事里也可以发现许多陈腐的套语，文字的冗长往往是这样来的。试看今日各报的文言记载，"天寒"必用"朔风刺骨"，"住"必用"下榻"，"问"必用"询"，"使"必用"俾"，这种人做记载，文字哪得不冗长呢？今日要纠正这种陈腐拖沓的文字病，用干净的白话是最有效的方法。

今天（5日）晚报的福州专电说，福州的人民政府已把一切公文都改用白话加标点符号了。这是自然的趋势，迟早总会全国实行的。我们睁眼看看世界，今天还有一个文明国家的公文报纸用死文字的吗？报纸应该领导全国，所以我借《大公报》的新年第一次星期论文的机会，很诚恳的提议：中国的报纸应该完全用白话。

研究国故的方法

研究国故，在现时确有这种需要。但是一般青年，对于中国本来的文化和学术，都缺乏研究的兴趣。讲到研究国故的人，真是很少，这原也怪不得他们，实有以下二种原因：（一）古今比较起来，旧有的东西就很易现出破绽。在中国，科学一方面，当然是不足道的；就是道德和宗教，也都觉浅薄得很。这样，当然不能引起青年们的研究兴趣了。（二）中国的国故书籍，实在太没有系统了。历史书，一本有系统的也找不到；哲学也是如此。就是文学一方面，《诗经》总算是世界文学上的宝贝。但假使我们去研究《诗经》，竟没有一本书能供给我们做研究的资料的。原来中国的书籍，都是为学者而设，非为普通人一般人的研究而做的。所以青年们要研究，也就无从研究起。我很望诸君对于国故，有些研究的兴趣，来下一番真实的工夫，使彼成为有系统的。对于国故，亟应起来整理，方能使人有研究的兴趣，并能使有研究兴趣的人容易去研究。

"国故"的名词，比"国粹"好得多。自从章太炎著了一本《国故论衡》之后，这"国故"的名词于是成立。如果讲是"国粹"，就有人讲是"国渣"。"国故"（National Past）这个名词是中立的。我们要明了现社会的情况，就得去研究国故。古人讲，知道过去才能知道现在。国故专讲国家过去的文化，要研究它，就不得不注意以下四种方法：

一、历史的观念

现在一般青年,所以对于国故没有研究兴趣的缘故,就是没有历史的观念。我们看旧书,可当彼做历史看。清乾隆时,有个叫章学诚的,著了一本《文史通义》。上边说:"六经皆史也。"我现在进一步来说:"一切旧书——古书——都是史也。"本了历史的观念,就不由然而然的生出兴趣了。如道家炼丹修命,确是很荒谬的,不值识者一笑。但本了历史的观念,看看他究竟荒谬到了什么田地,亦是很有趣的。把旧书当做历史看,知彼好到什么地步,或是坏到什么地步,这是研究国故方法的起点,是"开宗明义"第一章。

二、疑古的态度

疑古的态度,简要言之,就是"宁可疑而错,不可信而错"十个字。譬如《书经》,有《今文尚书》和《古文尚书》之别。有人说,《古文尚书》是假的,《今文尚书》有一部分是真的,余外一部分,到了清时,才有人把它证明是假的。但是现在学校里边,并没把假的删去,仍旧读它全书,这是我们应该怀疑的。至于《诗经》,本有三千篇,被孔子删剩十分之一,只得了三百篇。《关雎》这一首诗,孔子把它列在第一首,这首诗是很好的。内容是一很好的女子,有一男子要伊做妻子,但这事不易办到,于是男子"寤寐求之",连睡在床上都要想伊,更要"悠哉悠哉辗转反侧"呢!这能表现一种很好的爱情,是一首爱情的相思诗。后人误会,生了许多误解,竟牵到旁的问题上去。所以疑古的态度有两方面好讲:一,疑古书的真伪。二,疑真书被那山东老学究弄伪的地方。我们疑古的目的,是在得其"真",就是疑错了,亦没有什么要紧。我们知道,哪一个科学家是没有错误的。假使信而错,那就上当不浅了!自己固然一味迷信,情愿做古人的奴隶,但是还要引旁人亦入于迷途呢!我们一方面研究,一方面就要怀疑,庶能不上老当呢!

如中国的历史,从盘古氏一直相传下来,年代都是有"表"（Table）的,"像煞有介事",看来很是可信。但是我们要怀疑,这怎样来的呢?根据什么呢?我们总要"打破砂锅问到底",究其来源怎样,要知道这年月的计算,有的是从伪书来的,大部分还是宋朝一个算命先生,用算盘打出来的呢。这哪能信呢!我们是不得不去打破彼的。

在东周以前的历史,是没有一字可以信的。以后呢?大部分也是不可靠的。如《禹贡》这一章书,一般学者都承认是可靠的。据我用历史的眼光看来,也是不可靠的,我敢断定它是伪的。在夏禹时,中国难道竟有这般大的土地么?四部书里边的经、史、子三种,大多是不可靠的。我们总要有疑古的态度才好!

三、系统的研究

古时的书籍,没有一部书是"著"的。中国的书籍虽多,但有系统的著作,竟找不到十部。我们研究无论什么书籍,都宜要寻出它的脉络,研究它的系统。所以我们无论研究什么东西,就须从历史方面着手。要研究文学和哲学,就得先研究文学史和哲学史。政治亦然。研究社会制度,亦宜先研究其制度沿革史,寻出因果的关系,前后的关键,要从没有系统的文学、哲学、政治等等里边,去寻出系统来。

有人说,中国几千年来没有进步,这话荒谬得很,足妨害我们研究的兴趣。更有一外国人,著了一部世界史,说中国自从唐代以后,就没有进步了,这也不对。我们定要去打破这种思想的。总之,我们是要从从前没有系统的文学、哲学、政治里边,以客观的态度,去寻出系统来的。

四、整理

整理国故,能使后人研究起来,不感受痛苦。整理国故的目的,就是要使从前少数人懂得的,现在变为人人能解的。整理的条件,可分形式内容二方面讲:

（一）形式方面：加上标点和符号，替它分开段落来。

（二）内容方面：加上新的注解，折中旧有的注解。并且加上新的序跋和考证，还要讲明书的历史和价值。

我们研究国故，非但为学识起见，并为诸君起见，更为诸君的兄弟姊妹起见。国故的研究，于教育上实有很大的需要。我们虽不能做创造者，我们亦当做运输人——这是我们的责任，这种人是不可少的。

再谈谈整理国故

鄙人前年曾在贵校的暑期学校讲演过一次整理国故,故今天的题名曰再谈谈整理国故。那时我重在破坏方面提倡疑古,今天要谈的却偏于建设方面了。我对人说:我国各种科学莫有一种比得上西洋各国,现在要办到比伦于欧美,实在不容易,但国故是我们自己的东西,总应该办来比世界各国好,这种责任,是放在贵校与北大的国学系,与有志整理国故者的肩上,盼望诸君努力!

"国故"二字为章太炎先生创出来的,比国粹,国华,……名词要好得多,因为它没有含得有褒贬的意义。现在一般老先生们看见新文化的流行,读古书的人日少,总是叹息说:"西风东渐,国粹将沦亡矣!"但是把古书试翻开一看,错误舛伪,佶屈聱牙,所在皆是,欲责一般青年皆能读之,实属不可能,即使"国粹沦亡",亦非青年之过,乃老先生们不整理之过。故欲免"国粹沦亡"之祸,非整理国故,使一般青年能读不可!据我个人意见,整理之方式有四种:

(1)最低限度之整理——读本式的整理。

(2)索引式的整理。

(3)结账式的整理。

(4)专史式的整理。

一、读本式的整理

这种方式，即是整理所有最著名的古书，使成为普通读本，使一般人能读能解。现在一般青年不爱读古书，确是事实，但试思何以青年不爱读古书呢？因为科学发达的原故吗？西洋文化输入的原故吗？学校里课程繁重的原故吗？我敢说都不是重要的原因，实因莫有人整理，不容易读懂的原故；我已于上文说过了，试举个例来证明；Shaksespeare（莎士比亚）的《莎氏乐府》与Milton（弥尔顿）的《失乐园》及现在的《圣经》（Bible）的原本不是很难懂的吗？何以现在英美人个个都能读呢？并不是英美人爱读古书，我国青年不爱读古书，实在因《莎氏乐府》《失乐园》《圣经》有很通俗最易解的译本罢了！但这种整理，要具有下列五种方法：

（1）校雠。古书中有许多本来是很易懂，往往因传写或印刻的错误，以致佶屈的，如《论语》中："君子耻其言而过其行"一句中的"而"字，很不易解，但依别本"而"字为"之"字，则明畅易懂了，故依据古本，或古书，引用的原文来校对，是整理国故中的最重要的方法。

（2）训诂。训诂即下注解，因从古至今，语言文字，经过许多变迁，故有些句子初学不易看懂，故注解亦是必需的；但注解不宜滥用，须有下列二条件，才下注解：（甲）必不可少——因为有许多书很明白，加了注解，反使读者不了然。（乙）要有根据——注解不能随个人主观的见解妄下，须根据古字典，或古注，或由上下文比较，始能得确凿的意义。

（3）标点。有许多书加上标点，它的意义，气态就完全明白了，不必加注解了！故标点亦是很重要的！

（4）分段。我国文章，多系一气写成，以致思想，意义，初学者不易看出，若一经分段，则于作者的思想，意义，极易看出，节省读者的精力不少。

（5）介绍。我们要彻底了解一部书，对于作者之历史，环境，地位,……不能不知道,故宜于每部古书之前,作以上所说种种之简单介绍与批评,于初学者补助不小。

有以上五种方法来整理古书,则读本式的整理即成功了,恐怕青年人也爱读古书了!

二、索引式的整理

索引怎样解呢?如以绳索钱,使能提纲絜领也。西洋书籍,差不多每本都有索引(Index),检查非常便利,而我国的书没有一本有的,如问一个稍不著名的人为何时人,则非检查许多书不能览得,有时竟查不出,这是何等痛苦啊!后来汪辉祖著《姓氏韵编》,看起来很平常,然而后学者却受惠不少了!但很不完备,现在非有人出来作这工作不可,这种工作并不难,中等人材都可以干的。我很希望大家起来合作!

三、结账式的整理

怎么叫结账式的整理呢?譬如说:以前有许多学者说《尚书》中有许多篇为东晋梅颐所上的伪书;有些人又说不是;又古今文之争,至今亦未决,又如有人说《诗经》的小序是子夏作的,有人又反对,我们应当把自古迄今各家的聚讼结合起来,作一评断,好像商家在年底结账一样,所以叫做结账式。有这种整理,初学者就不至陷入迷途了!

四、专史式的整理

有以上三种方式之整理了,然后就各种性质类似的古书,纂集起来作为一种专史,如诗赋史、词曲史……等类是也,这种整理,能使初学者不耗几多脑力,即能知国学中各门之源流及其梗概了!

以上把各种方式及方法说完了,再来谈谈实际的整理:我既主张用以上几种方式整理国故,所以我就选了《诗经》来做第一种方式的整理——即读本式的整理——及至我把《诗经》看一遍后,才知数千年来许多大经师都没有把《诗经》弄明白；我并不是说我弄明白了，但我敢大胆说，至少要比古人多明白一点；譬如《诗经·大雅·公刘》章云："于'胥'斯原"的"胥"字，以前注《诗经》者都当作"相"字解，但实在讲不通，试问"于相斯原"又怎样讲呢？但我们用比较法观之，则一望而知"胥"为一地名，因其余两章有"于京斯依""于豳斯馆"同文法的句子，注云"京"，与"豳"皆地名，则"胥"为地名无疑了！又《召南·采蘋》章云："于以采蘋，南涧之滨，于以采藻，于彼行潦"一章，不知注解说些什么！但我们若将原文加上标点，成为"于以采蘋？南涧之滨；于以采藻？于彼行潦。"则为很明白的一问一答的句子了，意即一问：哪里去采蘋呢？一答：到南涧之滨去采；又问：哪里去采藻呢？一答：于彼行潦去采，由上二例，可见古人实在没有把《诗经》弄明白了！这种工作，在清代已经很发达了，如王念孙父子之《经传释词》，俞樾之《古书疑义举例》……等书，都是用这种方法做成的，不过他们的方法还未十分精密，不能使人满意，如译某字为某词，——如译"焉"为语助词——究竟某词又如何解呢？他们就答不出来了！

　　以上所讲几种整理国故的方式，都是很容易办到的，只要中材的人，有了国学常识，都可以做，希望诸君起来合作，把难读难解的古书，一部一部的整理出来，使人人能读，虽属平庸，但实嘉惠后学不少了！

考证学方法之来历

我觉得很抱歉，辅仁大学的很多朋友几次要我来说几句话，可是一年以来，在外面跑了半年，很少时间，直到今天，才得和诸位见面，今天是应辅仁大学国文系之约来的，想到的"考证学方法之来历"这个题目，是和国文系有关系的，而与别的同学也有直接的或间接的关系，因为近几年来，研究考证学方法之来历的渐渐多了，而中国近三百年的学问和思想，很受考证学的影响。

考一物，立一说，究一字，全要有证据，就是考证，也可以说是证据，必须有证据，然后才可以相信。

近三百年始有科学的，精密的，细致的考察，必有所原，许多人以为是十七世纪西洋天主教耶稣会教士带到中国来的，如梁任公先生就是这样主张着。

在一千六百年左右，利玛窦来到中国，继之若干年，经明至清朝康熙雍正年间，有许多有名的学者到中国来，他们的人格学问，全是很感动人的，并且介绍了西方的算学，天文学等十六世纪，十七世纪的西洋科学，恐怕中国的思想界学术界受到他们的影响。

中国考证学家，清代考证学开山祖师顾亭林和阎若璩，全生于利玛窦来华之后，顾亭林生于1613年，阎生于1636年，利玛窦则是1581或

1582年来华的，顾亭林考证古音，他的方法极其精密，例如"服"字，古音不读"服"音，而读"逼"音，他为了考证这一字，立这一说，举出一百六十二个证据来证实，在他的著书里，立一说，必要证据，许多字的考证都是这样，阎若璩考证《古文尚书》，也是这样，《尚书》有两种，西汉时候的《今文尚书》，有二十八篇，到了晋代，又出了一种《古文尚书》，有五十三篇，于前一种的二十八篇之外，又增加了二十五篇，文字好，易了解，谈政治，道德，很有点哲学味，内容丰富，因为它是用古文字写的，所以称做《古文尚书》，当时有人不相信，渐渐的也就相信了，至唐代以后，《古文尚书》成为正统，没有疑心它是假的了，到了清代，阎若璩著书《尚书古文疏证》，把假的那些篇，一篇一句，都考出它的娘家，打倒了《古文尚书》。

清代的学术，是训诂，考据和音韵，顾亭林考证音韵研究训诂，阎若璩考证古书真伪，他们两人，全是十七世纪的人，在利玛窦来华以后，这样看来，岂不是西洋的科学影响了中国的考证学了吗。

另一个证据，西洋学者带来了算学，天文等，曾经轰动一时，那时候，自己知道中国历法不够用，常常发生错误，推算日蚀和月蚀也不准确，当时的天文学有三派，一派是政府的钦天监，一派是回教的回回历，一派是中国私人魏氏历法，西洋于十六世纪后改用新历，是最新，最高，最进步的了，带到中国之后，又有了这个第四派，中国政府不能评定哪一种历法准确，就想了一个法子，每一种都给他一个观象台，让他们测算日蚀，从何年何日何时开始，至何时退蚀，来考究他们，因为历法和日常生活很有关系，全中国都注意这回事，二十年的长时间考证的结果，处处是西洋方法占胜利，并且，因为日蚀推算，如果阴雨，就不能看出来了，所以同时测算四川成都，陕西西安，山东济南和北京四个地方，清政府派人到四个地方视察报告，当然不会四个地方都赶上阴雨，结果，别几种都差得很远，而耶稣会教士的新科学方法占了胜利，明代崇祯末年，政府颁布了使用新法，而这一年，明朝就亡了，清代继续采用，直到1912年，民国改元之后，用了新历，而方法还是一样的，清代的考据家，没有不曾研究过算学的，如戴东原，就是一位算学家，有清一代的考证学，就是在西洋算学影响之下，算学方法，就是要有证据。

我个人是怀疑这种说法的，对于当时的西洋学者的人格，学问，我都很钦佩，他们也留下深刻的影响，前读中国的徐光启的三卷信札，更增加了钦佩之意，中国许多革新人物，全受过他们的影响，但是，要说考证学的方法，是由天主教耶稣会教士带来的，到今日为止，还没有充分的考据，前面说过的证明，还不能承认，今天所讲的，就是要特别提出个人的见解，以就正大家，请对于我们怀疑的，加以怀疑，或者更有新的收获。

前面所说的影响，很少可以承认的，顾亭林就不是算学家，阎若璩也是到了晚年算《春秋》《左传》《汉书》中的纪年和日蚀，因为那与历法有关系，才开始学算学的，所以不能受它的影响，而且是已经做了考证学家才学算学的，如王念孙也不是算学家，至少，不是受他的影响，我们只能承认算学影响历法，影响思想，而和考据学没有关系，在西洋，天文学，算学，物理学全很早就发达了，而西洋的历史，文学的考据，到十九世纪才发达，假如天文学，算学等能够影响考据，一定会很早就产生了，而西洋竟是很晚的，所以它并不能影响人怀疑和找证据，至于宗教家所提倡的是使人信，不是使人怀疑。

以时代关系来证明，是错误的，清代两考证学大师，顾亭林有他的来历与师承，阎若璩亦有他的来历与师承。

在音韵方面，顾亭林的方法是立一说，证一字，必要有证据，证据有两种，本证和旁证，如同证《诗经》字韵的古音，从《诗经》中找证据，曰本证，从《老子》《易经》《淮南子》《管子》《楚辞》等书里的方韵来证《诗经》，曰旁证，这种方法，在顾之前，有福建人陈第，作过一本《毛诗古音考》，就用了这种方法，是顾亭林的本师，《毛诗古音考》著于1604年，出版于1606年，利玛窦虽已来华，而北来第一次是1596年，第二次是1602年，短时期内受到影响，是不可能的，顾得自陈，毫无问题，而在陈第之前，还有崔犹，在1580年就考证过《毛诗》古音，再推上去，可到宋代，十二世纪，朱熹就是一位考证家。

再一个证据就是，阎若璩考据《尚书》，他的先师也来历明白，梅鷟，生死年月不可考了，他是1513年的举人，他作过一部《古文尚书考义》，用的方法和阎的一样，一一找出伪造的娘家，那个时候，还没有利玛窦，百年之后，书籍与方法更完备了，在梅鷟之前，可以推上去到元代，吴澄，他死于1333年，已经把《尚书》今文和古文的分开，述其真假，更上可推至宋代的朱熹，吴棫，他们已经疑惑《古文尚书》和《今文尚书》的不同，到了吴澄，就不客气的一一指出了假造的各篇的来历，是东抄西借，杂缀而成的，北宋的欧阳修，王安石，苏东坡，亦曾怀疑而研究之，在唐朝韩愈和柳宗元的文章中，亦提出考证，《论语》一书，经柳宗元的考证，知道是孔子的弟子的弟子所记，那是以常识作证据的。

总之，这种考证方法，不用来自西洋，实系地道的国货，三百年来的考证学，可以追溯至宋，说是西洋天主教耶稣会教士的影响，不能相信，我的说法是由宋渐渐的演变进步，到了十六七世纪，有了天才出现，学问发达，书籍便利，考证学就特别发达了，它的来历可以推到十二世纪。

现在时间还有一点，让我说一点别的。

考证的方法是立一说，必有证据，为什么到了宋代朱熹时候才发达呢，这是很值研究的，这也是一种考据，方才说过，考证学不来自西洋，是国货，可是它是怎样来的呢。

中国历史经过长的黑暗时期，学问很乱，没有创造，没有精密的方法，汉代是做古书的注解，唐代是做注解的注解，文学方面有天才，学术方面则没有，并且，这种方法在古代是不易的，那时候没有刻版书，须一一抄写，书籍是一卷一卷的，有的长至四五十尺，读后忘前，没有法子校勘，写本又常各不相同，没有一定的标准本，唐代有了刻版书，到了宋代才发达，如同书经，有国子监的官版本，有标准本后才能够校勘其他的刻本和抄本，这必须书籍方便才可以，毫无问题。

十一世纪，北宋后期，程颐、程颢提出格物致知来，一部一千七百五十字的《大学》，是有很大的关系的书，几百年来，受着它的约束，程氏兄弟发现了一千七百五十字里有五个字最重要，就是"致知在格物"，《大学》中，每一句话都有说明，惟独这五个字没有，什么是格物，没有人知道，当时有五六十种"格物说"，有解"格"为一个一个的格子的，有解"格"为"格斗"的，程氏兄弟提出重要的解释，格是到的意思，格物就是到物，所以说"格物即物，而穷其理"，今天格一物，明天格一物，今天格一事，明天格一事，然后才可以致知，至于物的范围，由一身之中至天地之高大，万物之所以然，均在其内，这是当时的"格物说"，有了中国的科学理想与目标，而没有科学方法，无从着手，中国从来的学术是（一）人事的，没有物理与自然的解释，（二）文字上的解释，而无物据，所以有理想，不能有所发展，如王阳明和一个姓钱的研究格物，对着一棵竹子坐了三天，毫无所获，王阳明自己对坐了七天，也是一样，于是很幽默的说了，圣贤是做不成了，因为没有那么大的气力来格物了。这个笑话可以证明当时有科学目标与理想而没有方法，这完全不同于西洋，从埃及，希腊，就和自然界接触，亚里士多德于研究论理之外，自己采集动植物的标本做解剖实验，而孔夫子不过读《诗》而知鸟名罢了，中国没有这样背景，仅能像王阳明对竹而坐了。

程子，朱子感到这种格物办不通，就缩小了物的范围，由无所不包小到三件事：（一）读书穷理，（二）上论古人，（三）对人接物，朱子以后，就丢弃了大规模的格物而缩小，读书穷理也仅是读古经书了，所以士大夫就拿格物方法来研究古书了。

至于程朱格物的背景，我想，那时候没有自然科学，大概是由于科举时代，于做文章之外，还须研究"判"，考试的时候，拿几种案件，甲如何，乙如何，丙又如何，由士子判断是非，这样，必须多少有法律的训练，程明（道）送行状中记载着，他做县尉的时候，有听诉的训练，有今日的法官，律师，侦探的天才，从刑名之学得到找证据的方法，考，据，证，例，比等等全为法律上的名词，这方面的训练，在朱熹亦是有的。

朱熹亦是一个考据家，他三十岁的时候，校勘了一册语录，用三种钞本和一种刻本，他发现了刻本中多了百余条，其中五十多条是假的，就删去了，他到三十八岁的时候，找到了证据，就写了一篇跋，说明他的删掉的理由，他的注书也极审慎，他主张研究古书须学法家的深刻，才能穷究得进，他自己说，他的长处没有别的，就是肯用功，考证也是用法律方法，研究了一件，再研究了一件，不曾精细研究一本书，而牵引了许多别的，是一件错误。

他还有许多故事，可以证明他是受了律法的影响，做福建通安县主簿，知漳州，处理案件，是和考证一样的。

简括起来说，中国古代没有自然科学的环境，士大夫与外边无由接近，幸有刑名之学，与法律接近，科举时考"判"，做官时判案，尤须人证物证，拿此种判案方法应用在判别古书真伪，旧说是非，加以格物致知之哲学影响，而为三百年来考证学之来历，故纯为国货考证学，不会来自西洋的，将来有研究天主教耶稣会教士东来的历史专家提出新证据，我当再来辅仁大学取消我今天的话。

天主教研究神学，有一很好的习惯，就是凡立一新说，必推一反对论者与之驳辩，此反对论者称做"魔鬼的辩护师"，今天，我就做了一次"魔鬼的辩护师"。

治学方法

在这样的热天，承诸位特别跑到这里来听我来讲话，我是觉得非常的感激，青年会的几位先生，特地组织这一个青年读书互助会，并且发起这样一个演讲周，亦非常值得赞助，在我个人，以为能够几个青年，互相的团结起来，组织读书会，或者一人读一本书，拿心得贡献给其他的会员，或者几个人读一本书，将大家所得到的结果提出来互相讨论都是非常之好，非常之好的。可是请几个人来讲演，以为这样就达到了读书会的目的，做到了读书的目的，却是未必的，今天我来讲这个"治学方法"，实在是勉强的，因为作作演讲并不是就是读书会的目的，而且这题目也空泛得无人可讲，我们知道，各种学问，都有他治学的方法，比如天文，地理，医学，社会科学，各有各的治学方法，而我居然说"治学方法"，包括得如此其广，要讲起来那就是发疯，夸大狂，但是学问的种类虽是如此其多，贯于其中的一个"基本方法"，却是普遍的，这个"基本方法"，也可以说是，或者毋宁说是方法的习惯，是共同的，是普遍的，历史上无数在天文学上，在哲学上，在社会科学上，凡是有大成就的，都是因为有方法的习惯。

三百年以前，培根说了句很聪明的话，他说，世上治学的人可分为三种，那就是，第一蜘蛛式的，亦是靠自己肚子里分泌出丝来，把网作得很美很漂亮，也很有经纬，下点雨的时候，网上挂着雨丝，从侧面看过去，那种斜光也是很美。但是虽然好，那点学问却只是从他自己的肚子造出来的。第二种是蚂蚁式的，只知道集聚，这里有一颗米，把上三三两两的抬了去，死了一个苍蝇，也把它抬了去，在地洞里堆起很多东西，能消化不能消化却不管，有用没有用也是不管，这是勤力而理解不足。第三种是蜜蜂式的，这种最高，蜜蜂采了花去，更加上一度制造，取其精华而去其糟粕，是经过改造制造出新的成绩的。孔子说过，学而不思则罔，思而不学则殆。蜜蜂的方法，是又学又思，是理想的作学方法。

一个人有天才，自然能够使他的事业得到成功，然而有天才的人，却很少很少，天才不够的人，如果能用功，有方法的训练，虽然不敢说能够赶得上天才一样的成就大，而代替天才一部分，却是可以说的，至于那些各种科学上的大伟人，那差不多天才与功力相并相辅，是千万人中之一人。

现在说到本题，治学，第一步，我们所需要的是工具，种田要种田的工具，作工要作工的工具，打仗要有武器，也是工具。先要把工具弄好，才能开步走。治学最重要的工具就是自己的能力，基本能力，本国的语言文字，我们可以得到本国所有的东西，外国的语言文字，我们可以从中得到外国的智识，得到过去所集聚下来的东西，完全要靠这一方面。其他就是基本智识，从中学到大学，给了我们的都是这东西，这是一把总的钥匙，尽管我们不熟练于证一个几何三角，尽管我们不能知道物理化学各个细则，但是我们要在必需要应用到的时候能够拿来用，能够对这些有理解，再其次就是设备，无论是卖田卖地卖首饰，我们总要把最基本的设备弄齐全，一些应用的辞典，表册，目录，是必需的，同时，治学的人差不多是穷士居多，很多的书不能都买全，所以就要知道我们周围的，代替我们设备的有些什么，比如北平的图书馆，那里边有些什么书能够被我们所应用，比方说，协和医校制备些什么专门的书籍，以及某家藏有某种不易得到的秘典，某处有着某种我所需要的设备，这些这些，我们都要看清楚。

　　第二步就是习惯的养成，这可以分四点来讲，第一是不要懒，无论是作工也好，种田也好，都不要懒，懒是最要不得的，学问更其如此，多用眼，不要拿人家的眼当自己的眼，多用手，耳，甚至多用自己的脚，在需要的时候，就要自己去跑一趟，必须要用自己的眼看过，自己的耳听过，自己的手摸过，甚至自己的脚走到过，这样才能称是自己的东西，才真是自己得来的。如果你要懒，那就要大懒，不要小懒，那意思就是要一劳永逸，比如说我实在懒得不得了，字典又是这样的不好查，那我就自己去作一部字典出来，那以后就可以贯彻你的懒，字典拿起来，一翻就翻着，有种种的发明的人，不是大不懒就是大懒，比方说是佛教是什么，你必须自己去翻过书，比方说我今天要跑到这里来讲讲辨证法是什么，那你一定用过眼，手，脚。把问题弄清楚，作提要作札记，这样，即使你是错误的，然而这是你的，不是别人的。第二是不苟且，上海人所谓不拆烂污，我们要一个不放过，一句不放过，一点一画不放过。在数学上一个"0"不放过，光是会用手，用脚，那是毛手毛脚没有用，勤要勤得好，不要勤得没有用，如果我有权能够命令诸位一定读那本书，我就要诸位读巴斯德传，他就是不苟且，他就是注意极小极小百万分千万分之一的东西，一坛酒坏了，巴斯德找出了原因是一点点小的霉菌的侵入，一次，蚕忽然都得了病差不多就损失到二万万佛郎，那原因就是在于一点点的百万分千万分之一的一个小黄点，那是要显微镜才能看得出来的，后来找着了病，又费了几年之力，又找着了它的治法，那就是蚕吐了丝之后，变蛹，变蛾，然后蛾再生卵，就用这个蛾钉起来，弄干，拿显微镜照，如果蛾的身上发现了那种极小极小的黄点，那这个蛾所产的卵都把它烧了，就用了这个方法，省去了无数的不必需的损失，这就是一点不放过，一点不放过才能找出病源，这是真确，这是细腻。第三点就是不要轻于相信，要怀疑，要怀疑书，要怀疑人，要怀疑自己，不要轻于相信人家，"先小人而后君子"，所谓"三个不相信出个大圣人"，我对这话非常佩服，所谓"打破砂锅问到底",都是告诉我们要怀疑,不要太迷信了自己的手眼,要相信比我们手眼精确到一百万倍一千万倍的显微镜望远镜,不要相信蔡元培,或者相信一个胡适之,无论有怎样大的名望的人,也许有错。为什么人家说六月六洗澡特别好,当铺里也要在六月六晒衣服,为什么?我们不要轻于相信有许多在我们脑子里的知识,许多小孩子时代由母亲哥哥姐姐,甚至老妈子洋车夫告诉给我们的,或者是学堂里的老师,阿毛阿狗告诉你的不一定对,王妈李妈也不一定对,周老师陈老师说的话也许有错,我们说"拿证据来!"鬼,我们自然不相信了,但是许多可信程度与鬼差不多的,我们还在相信,这不好。"三个不相信,出个大圣人"!这是谦卑,自以为满足了,那就不需要了,也就没有进步了,我们要有无穷尽的求知欲,要有无穷尽的虚,什么是虚?就是有空的地方,让新的东西进去。总上所说,习惯养成的大概就是如此。要有了习惯的养成,才能去做学问。

我们普遍都知道的有什么归纳法,演绎法,归纳是靠现成的材料把他集合起来,而演绎法则是由具体的事物推测到新的结果,打个比方,今天我们在协和大礼堂讲演,就拿本地风光治病来说,某病用某药,某病用某药,都是清清楚楚,但为什么这就是猩红热,而不是虎列拉,不是疟疾,那就是因为我们知道猩红热有某种某种症状归纳起来得出的结论,同时我们如果知道病理生理那我们就可以知道某部分损害了,就可以得出某种结果,就可以经旧的智识里得出新的结论,要做到这步必须要有广博的智识。古人说,开卷有益,古人留下来的一些现成东西我们为什么不去求?不仅是自己本行内的智识要去求,即是不与本行相反的也要去求,王荆公说:"致其知而后识。"所以要博。墨子老子的书,从前有些不能懂,到了嘉庆年间算学的传人知道里边也有算学,随后光学力学传入,再以后逻辑学经济学传入,才知道墨子里边也有光学,也有力学,以及逻辑学经济学,越是知道得多,了解一个事物一个问题越深,头脑简单的人,拿起一个问题很好解决,比方说社会不好,那干脆来个革命,容易得很,等到知道得多一点,他解决的方法也就来得精密。巴斯德,他是学有机化学,

胡适谈读书与做人

发明霉菌，研究得深了，那这一学问就牵涉到一切的学问上去，和生理学地质学等等都可以发生关系，因为他博，所以蚕病了他可以治，酒酸了或者醋不酸了，他也可以治，其实他并没有研究过蚕酒学，动物学家也许不能治他却能治。据说牛顿发明"万有引力"，是因为见到苹果掉在地上，我们也都看见过苹果落在地上，可是我们就没有发明"万有引力"。巴斯德说过（讲学问我总喜欢说到巴斯德）："在考查研究范围之内，机会，帮助有准备的心。"牛顿的心是有准备的，我们则没有准备。从前我看察尔斯的《世界史纲》，觉得内容太博，这里一个定理，那里一个证明，抓来就能应用，真是左右逢源，俯拾即是。其次，我们就要追求问题，一些有创造有发明的人，都是从追求问题而来，如果诸位说先生不给问题，你们要打倒先生，学校里没有书设备给你们解决问题，要打倒学校，这是千对万对，我是非常赞成，就是因为追求问题是千对万对，我举一个例，有一天我上庐山，领了一个小孩，那小孩有七八岁，当时我带了一付骨牌，三十二张的骨牌，预备过五关消遣，那小孩就拿骨牌在那里接龙，他告诉我把三十二牌接起来，一定一头是二，一头是五，我问他试过几回吗，他说试过几回，我一试，居然也如此，这就是能提出问题，宇宙间的问题，多得很，只要能出问题，终究就能得到结果，自然骨牌的问题是很好解决，就是牌里面只有二头与五头是单数，其他都是双数，问题发生，就得到新的发现，新的智识，有一次我给学生考逻辑学，我说，我只考你们一个问题，把过去你们以自己的经验解决了问题的一件事告诉我，其中一个答得很有意思。他晚上看小说，煤油灯忽然灭了，但是灯里面还有油，原因是灯带短吸不起油，这怎么办呢，小说不能看完，如果灯底下放两个铜子垫起来，煤油也仍是不会上来的，他后来忽然想起从先学校里讲过煤油是比水轻，所以他就在里边灌上水，油跑到上面，灯带吸着油，小说就看完了，这都是从实际里提出问题得到新的学问，所以无论是学工业，学农业，学经济，第一就是提出问题，第二就是提出许多假定的解决，第三就是提出假定解决人（甲、乙、丙），最后求得证实，如果你不能从旧的里面得出新的东西来，以前所学即是无用，所谓"养兵千日用在一朝"，就如我说煤油灯这一个故事。

最后还要说一点，书本子的路，我现在觉得是走不通了，那只能给少数的人，作文学，作历史用的，我们现在所缺的，是动手，报纸上宣传着学校里要取消文科法科，那不过是纸上谈兵，事实上办不到，如果能够办到，我是非常赞成，我们宁可能够打钉打铁，目不识丁，不要紧，只是在书堆里钻，在纸堆里钻，就只能作作像。我胡适之这样的考据家，一点用没有。中国学问并不是比外国人差，其实也很精密，可是中国的顾亭林等学者在那里考证音韵，为了考证古时这个字，读这个音不是读那个音，不惜举上一百六七十个例！可是外国牛顿，他们都在注意苹果掉地，在发明望远镜，显微镜，看天看地，看大看到无穷，看小也看到无穷，能和宇宙间的事物混作一片，那才是作学问的真方法。

到这里差不多讲完了，在上面我举了培根所说的三个畜生，这里我再加上一对畜生，来比方治学的方法，你们都知道龟兔赛跑的故事，兔子虽然有天才，却不能像乌龟那样拼命的爬，所以达到目的的是乌龟而不是兔子，治学的方法也是如此，宁可我们没有天才拼命的努力，不可自恃天才去睡一大觉，宁可我们作乌龟，却不可去当兔子，所以我们的口号是："兔子学不得，乌龟可学也！"自然最好是能够龟兔合而为一。

胡适谈读书与做人

大学的生活（节选）

校长，主席，各位同学：

　　我刚才听见主席说今天大家都非常愉快和兴奋，我想大家一定会提出抗议的，在这大热的天气，要大家挤在一起受罪，我的内心感到实在不安，我首先要向各位致百分之百的道歉。回来后一直没有做公开演讲，有许多团体来邀请，我都谢绝了，因为每次演讲房子总是不够用。以前在三军球场有过一次演说，我也总以为房子是没问题了，但房子仍是不够。今天要请各位原谅，实在不是我的罪过，台大代联会邀请了几次，我只好勉强的答应下来。

　　前两天我就想究竟要讲些什么？我问了钱校长和好几位朋友，他们都很客气，不给我出题，就是主席也不给我出题。今天既是台大代联会邀请，那么，我想谈谈大学生的生活，把我个人的或者几位朋友的经验，贡献给大家，也许可作各位同学的借镜，给各位一点暗示的作用。

　　……

　　我听见许多朋友讲，目前很多学生选择科系时，从师长的眼光看，都不免带有短见，倾向于功利主义方面。天才比较高的都跑到医工科去，而且只走入实用方面，而又不选择基本学科，譬如学医的，内科、外科、产科、妇科，有很多人选，而基本学科譬如生物化学、病理学，很少青年人去选读，这使我感到今日的青年不免短视，戴着近视眼镜去看自己的前途与将来。我今天头一项要讲的，就是根据我们老一辈的对选科系的经验，贡献给各位。我讲一段故事。

记得四十八年前，我考取了官费出洋，我的哥哥特地从东三省赶到上海为我送行，临行时对我说，我们的家早已破坏中落了，你出国要学些有用之学，帮助复兴家业，重振门楣，他要我学开矿或造铁路，因为这是比较容易找到工作的，千万不要学些没用的文学、哲学之类没饭吃的东西。我说好的，船就要开了。那时和我一起去美国的留学生共有七十人，分别进入各大学。在船上我就想，开矿没兴趣，造铁路也不感兴趣，于是只好采取调和折衷的办法，要学有用之学，当时康奈尔大学有全美国最好的农学院，于是就决定进去学科学的农学，也许对国家社会有点贡献吧！那时进康大的原因有二：一是康大有当时最好的农学院，且不收学费，而每个月又可获得八十元的津贴；我刚才说过，我家破了产，母亲待养，那时我还没结婚，一切从俭，所以可将部分的钱拿回养家。另一是我国有百分之八十的人是农民，将来学会了科学的农业，也许可以有益于国家。

入校后头一星期就突然接到农场实习部的信，叫我去报到。那时教授便问我："你有什么农场经验？"我答："没有。""难道一点都没有吗？""要有嘛，我的外公和外婆，都是道地的农夫。"教授说："这与你不相干。"我又说："就是因为没有，才要来学呀！"后来他又问："你洗过马没有？"我说："没有。"我就告诉他中国人种田是不用马的。于是老师就先教我洗马，他洗一面，我洗另一面。他又问我会套车吗，我说也不会。于是他又教我套车，老师套一边，我套一边，套好跳上去，兜一圈子。接着就到农场做选种的实习工作，手起了泡，但仍继续的忍耐下去。农复会的沈宗瀚先生写一本《克难苦学记》，要我和他作一篇序，我也就替他做一篇很长的序。我们那时学农的人很多，但只有沈宗瀚先生赤过脚下过田，是唯一确实有农场经验的人。学了一年，成绩还不错，功课都在八十五分以上。第二年我就可以多选两个学分，于是我选种果学，即种苹果学。分上午讲课与下午实习。上课倒没有什么，还甚感兴趣；下午实验，走入实习室，桌上有各色各样的苹果三十个，颜色有红的、有黄的、有青的……形状有圆的、有长的、有椭圆的、有四方的……要照着一本手册上的标准，去定每一苹果的学名，蒂有多长？花是什么颜色？肉是甜是酸？是软是硬？弄了两个小时。弄了半个小时一个都弄不了，满头大汗，真是冬天出大汗。抬头一看，呀！不对头，那些美国同学都做完跑光了，把苹果拿回去吃了。他们不需剖开，因为他们比较熟习，查查册子后面的普通名词就可以定学名，在他们是很简单。我只弄了一半，一半又是错的。回去就自己问自己学这个有什么用？要是靠当时的活力与记性，用上一个晚上来强记，四百多个名字都可记下来应付考试。但试想有什么用呢？那些苹果在我国烟台也没有，青岛也没有，安徽也没有……我认为科学的农学无用了，于是决定改行，那时正是民国元年，国内正在革命的时候，也许学别的东西更有好处。

那么，转系要以什么为标准呢？依自己的兴趣呢？还是看社会的需要？我年轻时候《留学日记》有一首诗，现在我也背不出来了。我选课用什么做标准？听哥哥的话？看国家的需要？还是凭自己？只有两个标准：一个是"我"；一个是"社会"，看看社会需要什么？国家需要什么中国现代需要什么？但这个标准——社会上三百六十行，行行都需要，现在可以说三千六百行，从诺贝尔得奖人到修理马桶的，社会都需要，所以社会的标准并不重要。因此，在定主意的时候，便要依着自我的兴趣了——即性之所近，力之所能。我的兴趣在什么地方？与我性质相近的是什么？问我能做什么？对什么感兴趣？我便照着这个标准转到文学院了。但又有一个困难，文科要缴费，而从康大中途退出，要赔出以前二年的学费，我也顾不得这些。经过四位朋友的帮忙，由八十元减到三十五元，终于达成愿望。在文学院以哲学为主，英国文学、经济、政治学之门为副。后又以哲学为主，经济理论、英国文学为副科。到哥伦比亚大学后，仍以哲学为主，以政治理论、英国文学为副。我现在六十八岁了，人家问我学什么，

上卷　胡适谈读书

我自己也不知道学些什么,我对文学也感兴趣,白话文方面也曾经有过一点小贡献。在北大,我曾做过哲学系主任、外国文学系主任、英国文学系主任,中国文学系也做过四年的系主任,在北大文学院六个学系中,五系全做过主任。现在我自己也不知道学些什么,我刚才讲过现在的青年太倾向于现实了,不凭性之所近,力之所能去选课。譬如一位有作诗天才的人,不进中文系学做诗,而偏要去医学院学外科,那么文学院便失去了一个一流的诗人,而国内却添了一个三四流甚至五流的饭桶外科医生,这是国家的损失,也是你们自己的损失。

在一个头等,第一流的大学,当初日本筹划帝大的时候,真的计划远大,规模宏伟,单就医学院就比当初日本总督府还要大。科学的书籍都是从第一号编起。基础良好,我们接收已有十余年了,总算没有辜负当初的计划。今日台大可说是中国台湾唯一最完善的大学,各位不要有成见,戴着近视眼镜来看自己的前途,看自己的将来。听说入学考试时有七十二个志愿可填,这样七十二变,变到最后不知变成了什么,当初所填的志愿,不要当做最后的决定,只当做暂时的方向。要在大学一二年的时候,东摸摸西摸摸地瞎摸。不要有短见,十八九岁的青年仍没有能力决定自己的前途、职业。进大学后第一年到处去摸、去看,探险去,不知道的我偏要去学。如在中学时候的数学不好,现在我偏要去学,中学时不感兴趣,也许是老师不好。现在去听听最好的教授的讲课,也许会提起你的兴趣。好的先生会指导你走上一个好的方向,第一二年甚至于第三年还来得及,只要依着自己"性之所近,力之所能"的做去,这是清代大儒章学诚的话。

现在我再说一个故事,不是我自己的,而是近代科学的开山大师——伽利略(Galileo),他是意大利人,父亲是一个有名的数学家,他的父亲叫他不要学他这一行,学这一行是没饭吃的,要他学医。他奉命而去。当时意大利正是文艺复兴的时候,他到大学以后曾被教授和同学捧誉为"天才的画家",他也很得意。父亲要他学医,他却发现了美术的天才。他读书的佛劳伦斯(今译佛罗伦萨)地方是一工业区,当地的工业界首领希望

87

在这大学多造就些科学的人才，鼓励学生研究几何，于是在这大学里特为官儿们开设了几何学一科，聘请一位Ricci氏当教授。有一天，他打从那个地方过，偶然的定脚在听讲，有的官儿们在打瞌睡，而这位年轻的伽利略却非常感兴趣。于是不断地一直继续下去，趣味横生，便改学数学，由于浓厚的兴趣与天才，就决心去东摸摸西摸摸，摸出一条兴趣之路，创造了新的天文学、新的物理学，终于成为一位近代科学的开山大师。

大学生选择学科就是选择职业。我现在六十八岁了，我也不知道所学的是什么，希望各位不要学我这样老不成器的人。勿以七十二志愿中所填的一愿就定了终身，还没有的，就是大学二三年也还没定。各位在此完备的大学里，目前更有这么多好的教授人才来指导，趁此机会加以利用。社会上需要什么，不要管他，家里的爸爸、妈妈、哥哥、朋友等，要你做律师、做医生，你也不要管他们，不要听他们的话，只要跟着自己的兴趣走。想起当初我哥哥要我学开矿、造铁路，我也没听他的话，自己变来变去变成一个老不成器的人。后来我哥哥也没说什么。只管我自己，别人不要管他。依着"性之所近，力之所能"学下去，其未来对国家的贡献也许比现在盲目所选的或被动选择的学科会大得多，将来前途也是无可限量的。下课了！下课了！谢谢各位。

上卷　胡适谈读书

清代学者的治学方法

一

研究欧洲学术史的人知道科学方法不是专讲方法论的哲学家所发明的，是实验室里的科学家所发明的，不是亚里士多德（Aristotle），倍根（今译培根）（Bacon），弥儿（今译弥尔）（Mill）一般人提倡出来的，是格利赖（Galileo），牛敦（Newton），勃里斯来（Priestley）（今译普里斯特利）一般人实地试行出来的。即如世人所推为归纳论理的始祖的培根，他不过曾提倡知识的实用和事实的重要，故略带着科学的精神。其实他所主张的方法，实行起来，全不能适用，决不能当"科学方法"的尊号。后来科学大发达，科学的方法已经成了一切实验室的公用品，故弥儿能把那时科学家所用的方法编理出来，称为归纳法的五种细则。但是弥儿的区分，依科学家的眼光看来，仍旧不是科学用来发明真理解释自然的方法的全部。弥儿和倍根都把演绎法看得太轻了，以为只有归纳法是科学方法。近来的科学家和哲学家渐渐的懂得假设和证验都是科学方法所不可少的主要分子，渐渐的明白科学方法不单是归纳法，是演绎和归纳互相为用的，忽而归纳，忽而演绎，忽而又归纳；时而由个体事物到全称的通则，时而由全称的假设到个体的事实，都是不可少的。我们试看古今来多少科学的大发明,便可明白这个道理。更浅一点,我们走进化学实验室里去做完一小盒材料的定性分析,也就可以明白科学的方法不单是归纳一项了。

欧洲科学发达了二三百年,直到于今方才有比较的圆满的科学方法论。这都是因为高谈方法的哲学家和发明方法的科学家向来不很接近,所以高谈方法的人至多不过能得到一点科学的精神和科学的趋势;所以创造科学方法和实用科学方法的人,也只顾他自己研究试验的应用,不能用哲学综合的眼光把科学方法的各方面详细表示出来,使人了解。哲学家没有科学的经验,决不能讲圆满的科学方法论。科学家没有哲学的兴趣,也决不能讲圆满的科学方法论。

不但欧洲学术史可以证明我这两句话,中国的学术史也可以引来作证。

二

当印度系的哲学盛行之后,中国系的哲学复兴之初,第一个重要问题就是方法论,就是一种逻辑。那个时候,程子到朱子的时候,禅宗盛行,一个"禅"字几乎可以代表佛学。佛学中最讲究逻辑的几个宗派,如三论宗和法相宗都很不容易研究,经不起少许政府的摧残,就很衰微了。只有那"明心见性,不立文字"的禅宗,仍旧风行一世。但是禅宗的方法完全是主观的顿悟,决不是多数人"自悟悟他"的方法。宋儒最初有几个人曾采用道士派关起门来虚造宇宙论的方法,如周濂溪、邵康节一班人。但是他们只造出几种道士气的宇宙观,并不曾留下什么方法论。直到后来宋儒把《礼记》里面一篇一千七百五十个字的《大学》提出来,方才算是寻得了中国近世哲学的方法论。自此以后,直到明代和清代,这篇一千七百五十个字的小书仍旧是各家哲学争论的焦点。程、朱、陆、王之争,不用说了。直到二十多年前康有为的《长兴学记》里还争论"格物"两个字究竟怎样解说呢!

《大学》的方法论,最重要的是"致知在格物"五个字。程子、朱子一派的解说是:

> 所谓"致知在格物"者,言欲致吾之知,在即物而穷其理也。盖人心之灵莫不有知,而天下之物莫不有理。惟于理有未穷,故其知有不尽也。是以《大学》始教,必使学者即凡天下之物,莫不因其已知之理而益穷之,以求至乎其极。至于用力之久,而一旦豁然贯通焉,则众物之表里精粗无不到,而吾心之全体大用无不明矣。(朱子补《大学》第五章)

这一种"格物"说便是程、朱一派的方法论。这里面有几点很可注意。(1)他们把"格"字作"至"字解,朱子用的"即"字,也是"到"的意思。"即物而穷其理"是自己去到事物上寻出物的道理来。这便是归纳的精神。(2)"即凡天下之物,莫不因其已知之理而益穷之,以求至乎其极",这是很伟大的希望。科学的目的,也不过如此。小程子也说,"语其大至天地之高厚,语其小至一物之所以然,学者皆当理会。"倘宋代的学者真能抱着这个目的做去,也许做出一些科学的成绩。

但是这种方法何以没有科学的成绩呢?这也有种种原因。(1)科学的工具器械不够用。(2)没有科学应用的需要。科学虽不专为实用,但实用是科学发展的一个绝大原因。小程子临死时说,"道著用,便不是。"这种绝对非功用说,如何能使科学有发达的动机?(3)他们既不讲实用,又不能有纯粹的爱真理的态度。他们口说"致知",但他们所希望的,并不是这个物的理和那个物的理,乃是一种最后的绝对真理。小程子说,"今日格一件,明日格一件,积习既多,然后脱然有贯通处"。又说,"自一身之中,至万物之理,但理会得多,自然豁然有觉悟处"。朱子上文说的"至于用力之久,而一旦豁然贯通焉,则众物之表里精粗无不到,而吾心之全体大用无不明矣。"这都可证宋儒虽然说"今日格一事,明日格一事",但他们的目的并不在今日明日格的这一事。他们所希望的是那"一旦豁然贯通"的绝对的智慧。这是科学的反面。科学所求的知识正是这物那物的道理,并不妄想那最后的无上智慧。丢了具体的物理,去求那"一旦豁然贯通"的大彻大悟,决没有科学。

再论这方法本身也有一个大缺点。科学方法的两个重要部分，一是假设，一是实验。没有假设，便用不着实验。宋儒讲格物全不注重假设。如小程子说，"致知在格物，物来则知起。物各付物，不役其知，则意诚不动"。天下那有"不役其知"的格物？这是受了《乐记》和《淮南子》所说"人生而静，天之性也，感于物而动，性之欲也"那种知识论的毒。"不役其知"的格物，是完全被动的观察，没有假设的解释，也不用实验的证明。这种格物如何能有科学的发明？

但是我们平心而论，宋儒的格物说，究竟可算得是含有一点归纳的精神。"即凡天下之物，莫不因其已知之理而益穷之"一句话里，的确含有科学的基础。朱子一生有时颇能做一点实地的观察。我且举朱子《语录》里的两个例：

（1）今登高山而望，群山皆为波浪之状，便是水泛如此。只不知因什么事凝了。

（2）尝见高山有螺蚌壳，或生石中。此石即旧日之土，螺蚌即水中之物。下者却变而为高，柔者却变而为刚。此事思之至深，有可验者。

这两条都可见朱子颇能实行格物。他这种观察，断案虽不正确，已很可使人佩服。西洋的地质学者，观察同类的现状，加上胆大的假设，作为有系统的研究，便成了历史的地质学。

三

起初小程子把"格物"的物字解作"语其大至天地之高厚，语其小至一物之所以然"，又解作"自一身之中，至万物之理"。这个"物"的范围，简直是科学的范围。但是当科学器械不完备的时候，这样的科学野心，不但做不到，简直是妄想。所以小程子自己先把"物"的范围缩小了。他说"穷理亦多端，或读书讲明义理，或论古今人物，别其是非，或应接事物，处其当然：皆穷理也。"这是把"物"字缩到"穷经，应事，尚论古人"三项。后来朱子便依着小程子所定的范围。朱子是一个读书极博的人，他的一生精力大半都用在"读书穷理"，"读书求义"上。他曾费了大工夫把《四子书》《四经》（《易》《诗》《书》《春秋》）自汉至唐的注疏细细整理一番，删去那些太繁的和那些太讲不通的，又加上许多自己的见解，做成了几部简明贯串的集注。这几部书，八百年来，在中国发生了莫大的势力。他在《大学》《中庸》，两部书上用力更多。每一部书有《章句》，又有《或问》，《中庸》还有《辑略》。他教人看《大学》的法子，"须先读本文，念得，次将《章句》来解本文，又将《或问》来参《章句》，须逐一令记得，反复寻究，待他浃洽，既逐段晓得，将来统看温寻过，这方始是。"看这一条，可以想见朱子的格物方法在经学上的应用。

他这种方法是很繁琐的。在那禅学盛行的时代，这种方法自然很受一些人的攻击。陆子批评他道："易简工夫终久大，支离事业竟浮沉。""支离事业"就是朱子一派的"传注"工夫。陆子自己说："学苟知本，则《六经》皆我注脚。"又说，"《六经》注我，我注《六经》"。他所说的"本"，就是自己的心。他说，"宇宙即是吾心，吾心即是宇宙"。他又说，"万物皆备于我。只要明理。然理不解自明，须是隆师亲友"。

朱子说，"人心之灵，莫不有知，而天下之物，莫不有理"。这是说"理"在物中，不在心内，故必须去寻求研究。陆子说，"此心此理，实不容有二"。心就是理，理本在心中，故说"理不解自明"。这种学说和程、朱一系所说"即物而穷其理"的方法，根本上立于反对的地位。

后来明代王阳明也攻击朱子的格物方法。王阳明说：

> 众人只说格物要依晦翁，何曾把他的说去用。我着实曾用来。初年与钱友同论做圣贤要格天下之物，因指亭前竹子，令去格看。钱子早夜去穷格竹子的道理，竭其心思，至于三日，便致劳神成疾。当初说他是精力不足，某因自去穷格，早夜不得其理，到七日亦以劳思致疾。遂相与叹，圣贤是做不得的，无他大

力量去格物了！

王阳明这样挖苦朱子的方法，虽然太刻薄一点，其实是很切实的批评。朱子一系的人何尝真做过"即凡天下之物，莫不因其已知之理而益穷之"的工夫？朱子自己说："夫天下之物，莫不有理，而其精蕴则已具于圣贤之书，故必由是以求之。"从"天下之物"缩小到"圣贤之书"，这一步可算跨得远了！

王阳明自己主张的方法大致和陆象山相同。阳明说："心外无物。"又说："物者，事也。凡意之所发，必有其事。意所在之事谓之物。"又说："如吾心发一念孝亲，即孝亲便是物。"他把"格"字当作"正"字解，他说："格者，正也，正其不正以归于正也。"他把"致知"解作"致吾心之良知"，故要人"于其良知所知之善者，即其意之所在之物，而实为之，无有乎不尽；于其良知所知之恶者，即其意之所在之物，而实去之，无有乎不尽"。这就是格物。

陆、王一派把"物"的范围限于吾心意念所在的事物，初看去似乎比程、朱一派的"物"的范围缩小得多了。其实并不然。程、朱一派高谈"即凡天下之物"，其实只有"圣贤之书"是他们的"物"。陆、王阳明承认"格天下之物"是做不到的事，故把范围收小，限定"意所在之事谓之物"。但是陆、王都主张"心外无物"的，故"意所在之事"一句话的范围可大到无穷，比程、朱的"圣贤之书"广大得多了。还有一层，陆、王一派极力提倡个人良知的自由，故陆子说，"《六经》为我注脚"；王子说，"夫学贵得之心，求之于心而非也，虽其言之出于孔子，不敢以为是也"。这种独立自由的精神便是学问革新的动机。

但是独立的思想精神，也是不能单独存在的。陆、王一派的学说，解放思想的束缚是很有功的，但他们偏重主观的见解，不重物观的研究，所以不能得社会上一般人的信用。我们在三四百年后观察程、朱、陆、王的争论，从历史的线索上看起来，可得这样一个结论："程、朱的格物论注重'即物而穷其理'，是很有归纳的精神的。可惜他们存一种被动的态度，要想'不役其知'，以求那豁然贯通的最后一步。那一方面，陆、王的学说主张真理即在心中，抬高个人的思想，用良知的标准来解脱'传注'的束缚。这种自动的精神很可以补救程、朱一派的被动的格物法。程、朱的归纳手续，经过陆、王一派的解放，是中国学术史的一大转机。解放后的思想，重新又采取程、朱的归纳精神，重新经过一番'朴学'的训练，于是有清代学者的科学方法出现，这又是中国学术史的一大转机。"

四

中国旧有的学术，只有清代的"朴学"确有"科学"的精神。"朴学"一个名词包括甚广，大要可分四部分：

（1）文字学（Philology）。包括字音的变迁，文字的假借通转等等。

（2）训诂学。训诂学是用科学的方法，物观的证据，来解释古书文字的意义。

（3）校勘学（Textual Criticism）。校勘学是用科学的方法来校正古书文字的错误。

（4）考订学（Higher Criticism）。考订学是考定古书的真伪，古书的著者，及一切关于著者的问题的学问。

因为范围很广，故不容易寻一个总包各方面的类名。"朴学"又称为"汉学"，又称为"郑学"。这些名词都不十分满人意。比较起来，"汉学"两个字虽然不妥，但很可以代表那时代的历史背景。"汉学"是对于"宋学"而言的。因为当时的学者不满意于宋代以来的性理空谈，故抬出汉儒来，想压倒宋儒的招牌。因此，我们暂时沿用这两个字。

"汉学"这个名词很可表示这一派学者的公同趋向。这个公同趋向就是不满意于宋代以来的学者用主观的见解来做考古学问的方法。这种消极方面的动机，起于经学上所发生的问题，后来方才渐渐的扩充，变成上文所说的四种科学。现在且先看汉学家所攻击的几种方法：

（1）随意改古书的文字。

（2）不懂古音，用后世的音来读古代的韵文，硬改古音为"叶音"。

（3）增字解经。例如解"致知"为"致良知"。

（4）望文生义。例如《论语》"君子耻其言而过其行"，本有错误，故"而"字讲不通，宋儒硬解为"耻者，不敢尽之意，过者，欲有余之辞"，却不知道"而"字是"之"字之误（皇侃本如此）。

这四项不过是略举几个最大的缺点。现在且举汉学家纠正这种主观的方法的几个例。唐明皇读《尚书·洪范》"无偏无颇，遵王之义"，觉得下文都协韵，何以这两句不协韵，于是下敕改"颇"为"陂"，使与义字协韵。顾炎武研究古音，以为唐明皇改错了，因为古音"义"字本读为我，故与颇字协韵。他举《易·象传》"鼎耳革，失其义也；覆公餗，信如何也"，又《礼记·表记》"仁者，右也；道者，左也；仁者，人也；道者，义也"，证明义字本读为我，故与左字，何字，颇字协韵。

又《易·小过》上六，"弗遇过之，飞鸟离之"。朱子说当作"弗过遇之"。顾炎武引《易·离》九三，"日昃之离，不鼓缶而歌，则大耋之嗟"，来证明"离"字古读如罗，与过字协韵，本来不错。

"望文生义"的例如《老子》"行于大道，唯施是畏"，王弼与河上公都把"施"字当作"施为"解。王念孙证明"施"字当读为"迤"，作邪字解。他举的证据甚多：（1）《孟子·离娄》，"施从良人之所之"，赵岐注，"施者，邪施而行"，丁公著音迤。（2）《淮南·齐俗训》，"去非者，非批邪施也"，高诱注，"施，微曲也"。（3）《淮南·要略》，"接径直施"，高注，"施，邪也"。以上三证，证明施与迤通，《说文》说，"迤，衺行也。"（4）《史记·贾生传》，"庚子日施兮"，《汉书》写作"日斜兮"。（5）《韩非子》的《解老》篇解《老子》这一章，也说，"所谓大道也者，端道也。所谓貌施也者，邪道也。"以上两证，证明施字作邪字解。这种考证法还不令人心服吗？

这几条随便举出的例，可以表示汉学家的方法。他们的方法的根本观念可以分开来说：

（1）研究古书，并不是不许人有独立的见解，但是每立一种新见解，必须有物观的证据。

（2）汉学家的"证据"完全是"例证"。例证就是举例为证。看上文所举的三件事，便可明白"例证"的意思了。

（3）举例作证是归纳的方法。举的例不多，便是类推（Analogy）的证法。举的例多了，便是正当的归纳法（Induction）了。类推与归纳，不过是程度的区别，其实他们的性质是根本相同的。

（4）汉学家的归纳手续不是完全被动的，是很能用"假设"的。这是他们和朱子大不相同之处。他们所以能举例作证，正因为他们观察了一些个体的例之后，脑中先已有了一种假设的通则，然后用这通则所包涵的例来证同类的例。他们实际上是用个体的例来证个体的例，精神上实在是把这些个体的例所代表的通则，演绎出来。故他们的方法是归纳和演绎同时并用的科学方法。如上文所举的第一件事，顾炎武研究了许多例，得了"凡义字古音皆读为我"的通则。这是归纳。后来他遇着"无偏无颇，遵王之义"，一个例，就用这个通则来解释他，说这个义字古音读为我，故能与颇字协韵。这是通则的应用，是演绎法。既是一条通则，应该总括一切"义"字，故必须举出这条"义读为我"的例，来证明这条"假设"的确是一条通则。印度因明学的三支，有了"喻体"（大前提），还要加上一个"喻依"（例），就是这个道理。

五

我现在且举几个最精密的长例来表示汉学家的科学方法。清代汉学的成绩，要算文字学的音韵一部分为最大，故我先举钱大昕考定古今音变迁的一条例。钱氏于古音学上有两大发明，一是"古无轻唇音"，一是"古无舌头舌上之分"。前一条我已引在我的《中国哲学史大纲》里了。现在且举他的"古无舌头舌上之分"一条。舌上的音如北方人读

"知""彻""澄"三组的字都是舌上音。舌头音为"端""透""定"三组的字(西文的DT两母的字)。钱氏发明现读舌上音的字古音都读舌头的音。他举的例如下:

(1)《说文》,"冲读若动"。《书》"惟予冲人",《释文》"直忠切"。古读直如特,冲子犹童子也。字母家不识古音,读冲为虫,不知古读虫亦如同也。《诗》"蕴隆虫虫",《释文》,"直忠反";徐,"徒冬反"。《尔雅》作爞爞,郭,"都冬反"。《韩诗》作烔,音徒冬反。是虫与同,音不异。

(2)古音中如得。《三仓》云,"中,得也"。《史记·封禅书》"康后与王不相中";《周勃传》"子胜之尚公主,不相中"。小司马皆训为得。

(3)古音陟如得。《周礼》"太卜掌三梦之法……三曰咸陟"。注,"陟之言得也,读如王德翟人之德"。

(4)古音赵如掉。《诗》"其镈斯赵",《释文》,"徒了反"。《周礼·考工记》注引此作"其镈斯掉",大了反。《荀子》杨倞注,"赵读为掉"。

(5)古音直如特。《诗》"实惟我特",《释文》,"《韩诗》作直,云相当值也"。《檀弓》"行并植于晋国",注,"植或为特"。《王制》"天子牲衫",《释文》"牲音特"。

(6)古音竹如笃。《诗》"绿竹猗猗",《释文》"《韩诗》作薄,音徒沃反",与笃音相近,皆舌音也。笃竹并从竹得声。《论语》"君子笃于亲",《汗简》云,"古文作竺"。《书》"笃不忘",《释文》"本又作竺"。《释诂》,"竺,厚也",《释文》"本又作笃"。《汉书·西域传》,"无雷国北与捐毒接",师古曰,"捐毒即身毒,天毒也"。《张骞传》,"吾贾人转市之身毒国",邓展曰,"毒音督",李奇曰,"一名天竺"。《后汉书·杜笃传》,"摧天督",注,"即天竺国"。然则竺,笃,毒,督,四字同音。

（7）古读猪如都。《檀弓》"洿其宫而猪焉"，注，"猪，都也，南方谓都为猪"。《书》，"大野既猪"，《史记》作既都。"荥波既猪"，《周礼注》引作"荥播既都"。

（8）古读追如堆。《郊特牲》，"母追"，《释文》"多雷反"。枚乘《七发》，"逾岸出追"，李善注，"追古堆字"。

（9）古读倬如菿。《诗》"倬彼甫田"，《韩诗》作菿。

（10）古读枨如棠。孔子弟子申枨，《史记》作申棠。……因枨有棠音，可悟古读"长"丁丈切，与党音相似，正是音和，非类隔。

（11）古读池如沱。《诗》"滮池北流"，《说文》引作"滮沱"。《周礼》职方氏，"并州，其川虖池"；《礼记》"晋人将有事于河，必先有事于恶池"，即滮沱之异文。

（12）古读廛如坛。《周礼》廛人，注，"故书廛为坛，杜子春读坛为廛"。"载师以廛里任国中之地"，注，"故书廛或为坛，司农读为廛"。

（13）古读秩如扶。《书》"平秩东作"，《说文》引作扶，从丰，弟声。……凡从失之字，如跌，迭，瓞，蚨，佚，皆读舌音，则秩亦有迭音可信也。

（14）侄娣本双声字。《公羊·释文》"侄，大结反，娣，大计反"，此古音也。《广韵》，侄有"徒结"、"直一"两切。

（15）古读陈如田。《说文》"田，陈也"。陈完奔齐，以国为氏，而《史记》谓之田氏，是古田陈同声。

钱氏所举的例，不止这十五个，我不能全抄了。看他每举一个例，必先证明那个例；然后从那些证明了的例上求出那"古无舌头舌上之分"的大通则。这里面有几层的归纳，和几层的演绎。他从《诗·释文》《檀弓·注》《王制·释文》各例上寻出"古读直如特"的一条通则，便是一层归纳。他用同样的方法去寻出"古读竹如笃"，"古读猪如都"等等通则，便是十几次的归纳。然后把这许多通则贯串综合起来，求出"古读舌上音皆为舌头音"的大通则，便是一层大归纳。经过这层大归纳之后，有了这个大通则，再看这个通则有没有例外。如字书读冲为虫，他便可应用这条大通则，说虫字古时也读如"同"。这是演绎。他怕演绎的证法还不能使人心服，故又去寻个体的例，如虫字的"直忠"和"都冬"两切，证明虫字古读如同。这又是归纳了。

这是汉学家研究音韵学的方法。三百年来的音韵学所以能成一种有系统有价值的科学，正因为那些研究音韵的人，自顾炎武直到章太炎都能用这种科学的方法，都能有这种科学的精神。

六

我再举一个训诂学的例。清代讲训诂的方法，到王念孙、王引之父子两人，方才完备。二王以后，俞樾、孙诒让一班人都跳不出他们两人的范围。王氏父子所著的《经传释词》，可算得清代训诂学家所著的最有统系的书，故我举的例也是从这部书里来的。古人注书最讲不通的，就是古书里所用的"虚字"。"虚字"在文法上的作用最大，最重要。古人没有文法学上的名词，一切统称为"虚字"（语词，语助词等等），已经是很大的缺点了。不料有一些学者竟把这些"虚字"当作"实字"用，如"言"字在《诗经》里常作"而"字或"乃"字解，都是虚字，被毛公、郑玄等解作代名词的"我"字，便更讲不通了。王氏的《经传释词》全用归纳的方法，举出无数的例，分类排比起来，看出相同的性质，然后下一个断案，定他们的文法作用。我要举的例是用在句中或句首的"焉"字。

"焉"字用在句尾，是很平常的用法。例如"殆有甚焉""必有事焉"，都作"于此"解，那是很容易的。但是"焉"字又常常用在一句的中间或一句的起首，他的功用等于"于是""乃""则"一类的状词，大概是表时间的关系，有时还带着一点因果的关系。王氏举的例如下：

（1）《礼记·月令》，"命舟牧覆舟，五覆五反，乃告舟备具于天子，天子焉（于是）始乘舟"。

（2）《晋语》，"尽逐群公子，乃立奚齐，焉（于是）始为令于国。"

（3）《墨子·鲁问》，"公输子自鲁南游楚，焉（于是）始为舟战之器"。

（4）《山海经·大荒西经》，"夏后开焉（于是）始得歌九招"。

（5）《祭法》，"坛墠有祷，焉（则）祭之；无祷乃止"。

（6）《三年问》，"故先王焉（乃）为之立中制节"。

（7）又，"焉使倍之，故再期也"。

（8）《大戴礼·王言》篇，"七教修，焉（乃）可以守；三至行，焉（乃）可以征"。

（9）《曾子·制言》篇，"有知，焉（乃）谓之友；无知，焉谓之主"。

（10）《齐语》，"乡有良人，焉（乃）以为军令"。

（11）《吴语》，"吾道路悠远，必无有二命，焉（乃）可以济事"。

（12）《老子》，"信不足，焉（于是）有不信"。

（13）《管子·幼官》篇，"胜无非义者，焉（乃）可以为大胜"。

（14）又《揆度》篇，"民财足则君赋敛焉（乃）不穷"。

（15）《墨子·亲士》篇，"焉（乃）可以长生保国"。

（16）又《兼爱》，"必知乱之所自起，焉（乃）能治之"。

（17）又《非攻》，"汤焉（乃）敢奉率其众以乡有夏之境"。

（18）《庄子·则阳》篇，"君为政，焉（乃）勿卤莽；治民，焉（乃）勿灭裂"。

（19）《荀子·议兵》篇，"若赴水火，入焉（则）焦没耳"。

（20）又，"凡人之动也，为赏庆为之，则见害伤焉（乃）止矣"。

（21）《离骚》，"驰椒邱且焉（于是）止息"。

（22）《九章》，"焉（于是）洋洋而为客"，"焉（于是）舒情而抽信兮"。

（23）《九辩》，"国有骥而不知乘兮，焉（乃）皇皇而更索"。

（24）《招魂》，"巫阳焉（乃）下招曰"。

（25）《远游》，"焉（乃）逝以徘徊"。

（26）僖十五年《左传》，"晋于是乎作爰田，晋于是乎作州兵"。《晋语》作"焉作辕田，焉作州兵。"是"焉"与"于是"同义。

（27）《荀子·礼论》篇，"三者偏亡，焉无安人"。《史记·礼书》用此文，焉作则。《老子》，"故贵以身为天下，则可寄天下"。《淮南·道应训》引此，则作焉。是"焉"与"则"同义。

这种方法，先搜集许多同类的例，比较参看，寻出一个大通则来：完全是归纳的方法。但是以我自己的经验看起来，这种方法实行的时候，决不能等到把这些同类的例都收集齐了，然后下一个大断案。当我们寻得几条少数同类的例时，我们心里已起了一种假设的通则。有了这个假设的通则，若再遇着同类的例，便把已有的假设去解释他们，看他能否把所有同类的例都解释的满意。这就是演绎的方法了。演绎的结果，若能充分满意，那个假设的通则便成了一条已证实的定理。这样的办法，由几个（有时只须一两个）同类的例引起一个假设，再求一些同类的例去证明那个假设是否真能成立：这是科学家常用的方法。假设的用处就是能使归纳法实用时格外经济，格外省力。凡是科学上能有所发明的人，一定是富于假设的能力的人。宋儒的格物方法所以没有效果，都因为宋儒既想格物，又想"不役其知"。不役其知就是不用假设，完全用一种被动的态度。那样的用法，决不能有科学的发明。因为不能提出假设的人，严格说来，竟可说是不能使用归纳方法。为什么呢？因为归纳的方法并不是教人观察"凡天下之物"，并不是教人观察乱七八糟的个体事物；归纳法的真义在于教人"举例"，在于使人于乱七八糟的事物里面寻出一些"类似的事物"。当他"举例"时，心里必已有了一种假设。如钱大昕举冲，中，陟，直，赵，竺等字时，他先已有了一种"类"的观念，先有了一种假设。不然，他为什么不举别的整千整万的字呢？又如王氏讲"焉"字的例，他若先没有一点假设，为什么单排出这些句中和句首的"焉"字呢？汉学家的长处就在他们有假设通则的能力。因为有假设的能力，又能处处求证据来证实假设的是非，所以汉学家的训诂学有科学的价值。道光年间有个方东澍做了一部《汉学商兑》，极力攻击汉学家，但他对于高邮王氏的《经义述闻》，也不能不佩服，不能不说"实足令郑朱俛首，自汉、唐以来未有其比"。这可见汉学家的方法精密，就是宋学的死党也不能不心服了。

七

我在上文已举了音韵学和训诂学的例，我现在再举清代校勘学作例。古书被后人抄写刻印，很难免去错抄错刻的弊病。譬如我做了一篇一百字的文章，写好之后，我自己校看一遍，没有错字。这个原稿可叫做"甲"。我的书记重抄一篇，送登《北京大学月刊》。因为"甲"是用草字写的，抄本"乙"误认了一个字，遂抄错了一个字。这篇"乙"稿拿去排印，商务印书馆的排工又排错了一字；这个印本，可叫做"丙"。这三个本子的"可靠性"有如下的比例：

"甲"本，100；"乙"本，99；"丙"本，97.02。

这一个本子，只经过三手，已比原本减少02.98的可靠性了。何况古代的著作，经过了一两千年的传抄翻印，那能保得住没有错误呢。校勘学的发生，只是要救正这种"日读误书"的危险。但是这种校勘的工夫，初看似乎很容易，其实真不容易。譬如上文说的"丙"本，只须寻着我的"甲"本，细细校对一遍，就可校正了。但是这种容易的校勘是不常有的。有些古书并没有原本可用来校对，所有的古本，无论怎样古，终究是抄本。有时一部书只有一个传本，并无第二本。校书的人既不可随意乱改古书，又不可穿凿附会，勉强解说（说详本篇第四章），自不能不用精密的方法，正确的证据，方才能使人心服。清代的校勘学所以能使人心服，正为他用的是科学的方法。

校勘学的方法可分两层说。第一是根据，第二是评判，根据是校勘时用来作比较参考的底本。根据大约有五种：（1）根据最古的本子。例如阮元的《论语注疏校勘记》引据的本子是:《汉石经残字》、《唐石经》、《宋石经》、皇侃《义疏》、《高丽本》(据陈鱣《论语古训》引的)、《十行本》(宋刻的,元明修补的)、《闽本》(明嘉靖时刊)、《非监本》(明万历时刊)、《毛本》(明崇祯时刊)共计九种古本。(2)根据古书里引用本书的文句。例如《群书治要》《太平御览》等书引了许多古书,可以用作参考。又如阮元校勘《论语》"君子耻其言而过其行"一句,先说:"皇本,高丽本,而作之;行下有也。"这是前一种的根据。阮元又说:"按《潜夫论·交际篇》,孔子疾夫言之过其行者,亦作之字。"这是第二种根据。又如《荀子·天论》,"内外无别,男女淫乱,则父子相疑,上下乖离",这四项是平等的,不当夹一个"则"字。《韩诗外传》有这一段,没有"则"字;《群书治要》引的,也没有"则"字。故王念孙根据这两书,说"则"字是衍文。(3)根据本书通行的体例。最明显的例是《墨子·小取》篇,"辟也者,举也物而以明之也。"第二个"也"字,初看似乎无意思,故毕沅校《墨子》,便删了这个字。王念孙后来发现"《墨子》书通以也为他"一条通例,故说这个"也"字也是"他"字:"举他物以明此物谓之譬",这就明白了。他的儿子王引之又用这条通例来校《小取》篇"无也故焉"的"也"字也是"他"字;又"无故也焉"一句也应该改正为"无也故焉",那"也"字也是"他"字。后来我校《小取》篇,"是犹谓也者同也,吾岂谓也者异也"两句,也用这条通例来把第一和第三个"也"字都读作"他"字。(4)根据古注和古校本。古校本最重要的莫如陆德明的《经典释文》。古注自汉以来多极了,不能遍举。我且举两个应用的例。《易·系辞传》,"拟之而后言,议之而后动",议字实在讲不通。《释文》云,"陆姚、桓元、荀柔之作仪"。"仪"字作效法解,与"拟"字并列,便讲得通了。《系辞》又有"几者,动之微,吉之先见者也"。我不懂得此处何故单说"吉",不说"吉凶"。后来我读孔颖达《正义》说"诸本或有凶字者,其定本则无也",方才知道唐初的人还见过有"凶"字的本子，可据此校改。后来我读《汉书·楚元王传》，"穆生曰，《易》称知几其神乎；几者，动之微，吉凶之先见者也"。此又可证我的前说。

（5）根据古韵。我引王念孙《读书杂志》一段作例：

  《淮南子·原道训》，"是故无所私而无所公，靡滥振荡，与天地鸿洞；无所左而无所右，蟠委错紾，与万物始终"。案始终当作终始（上文云，"水流而不止，与万物终始"）。公洞为韵。右始为韵（右古读若"以"，说见《唐韵正》）。若作始终，则失其韵矣。

  《俶真训》，"若夫真人则动溶于至虚而游于灭亡之野，骑蜚廉而从敦圄，驰于外方（外方据道藏本；各本作方外），休乎宇内，烛十日而使风雨，臣雷公，役夸父，妾宓妃，妻织女"。案"宇内"当为"内宇"（内宇犹宇内也，若林中谓之中林，谷中谓之中谷矣）。内宇与外方相对为文。宇与野，圄，雨，父，女，为韵（野古读若"墅"，说见《唐韵正》），若作"宇内"则失其韵矣。

  《说林》篇，"无乡之社，易为黍肉；无国之稷，易为求福。"案"黍肉"当作"肉黍"。后人以肉与福韵相协，故改为"黍肉"。不知福字古读若逼，不与肉为韵也。社黍为韵（社古读若墅。《说文》，社从示，上声。《甘誓》，"不用命戮于社"，与祖为韵。《郊特牲》，"而君亲誓社"，与赋，旅，伍，为韵。《左传》闵二年，成季将生卜辞，"闲于两社"，与辅为韵。《管子·揆度》篇，"杀其身以衅其社"，与鼓，父，为韵），稷福为韵。若作黍肉，则失其韵矣。

以上五项是校勘学的根据。但是这几种根据都有容易致误的危险。先说古本。我们所有的"古本"，已不知是经过了多少次口授手写的抄本了，其中难保没有错误。近人最崇拜宋版的书，其实宋版也有好坏，未必都可用作根据。次说古书转引本书的文句，也有两大危险。第一，引书的

胡适谈读书与做人

人未必字字依照原文，往往随意增减字句。第二，初引或不误，后来传抄翻印，难免没有错误。次说本书的通例，也许著书的人偶然变例。次说古注与古校本。古校本往往有许多种不同的，究竟应该从那一个校本。古注本也有被后人妄改了的。例如《老子》二十三章，"信不足焉，有不信焉"。这句本当作"信不足，焉有不信。"（看上文第六节）故王弼注云，"忠信不足于下，焉有不信也。"（此据《永乐大典》本）但今本王注改作"忠信不足于下焉，有不信焉"，这便不成话了。最后说古韵的根据，有时也容易致误。我且引一条最可注意的例：

《易经·剥象传》："君子得舆，民所载也；小人剥庐，终不可用也。"又《丰象传》，"丰其沛，不可大事也；折其右肱，终不可用也"这两条的韵很不容易说明。顾炎武作《易音》，竟不懂"用"何以能与"载""事"为韵。杨宾实说，两"用"字皆"害"字之误。卢文弨赞成此说，说："害在十四泰，载在十九代，事在七志，古韵皆得相通。古害字作害，故易与'用'字相混。"

这一说，从表面看去，似乎很圆满了。后来王念孙驳他道："凡《易》言君子小人者，其事皆相反。君子得舆，小人剥庐，亦取相反之义，……非谓小人不能害君子也。右肱为人之所用，右肱折则终不可用，……折肱则害及肱矣，何言终不可害乎？今案'用'读为'以'。《苍颉》篇，'用，以也'。用与以声近而义同，故用可读为以。犹'集'与'就'声近而义同，故集可读为就；'戎'与'汝'声近而义同，故戎可读为汝也。……《剥象传》以灾，尤，载，用，为韵；《丰象传》以灾，志，事，用，为韵，……于古音并属'之'部。……若'害'字则从丰声，丰读若介，于古音属'祭'部，……（在诸经中，与害为韵者）凡发，拨，大，达，败，晰，逝，外，末，说，辖，迈，卫，烈，月，揭，竭，世，艾，岁等字，皆属

'祭'部。遍考群经《楚辞》，未有与'之'部之灾，尤，载，志，事等字同用者。至于《老》《庄》诸子，无不皆然。是害与灾，尤，载，志，事五字，一属'祭'部，一属'之'部，两部绝不相通。"（《经义述闻》卷二）

因为这些根据都容易弄错，故校勘学不能全靠根据。校勘学的重要工夫在于"评判"。校勘两字都是法律的名词，都含有审判的意思；英文Textual Criticism译言"本子的评判"。我们顾名思义，可知校勘学决不单靠本子或他种的根据，可知校勘重在细心的判断。上文王念孙校一个"用"字，便是评判的工夫。段玉裁有《与诸同志书论校书之难》一篇，说这个道理最明白：

校书之难，非照本改字，不讹不漏之难也，定其是非之难。是非有二：曰底本之是非，曰立说之是非。必先定其底本之是非，而后可断其立说之是非。二者不分，缪蛊如治丝而棼，如算之淆乱其法质，而瞀乱乃至不可理。

何谓底本？著书者之稿本是也。何谓立说？著书者所言之义理是也。

《周礼·轮人》："望而视其轮，欲其帱尔而下迤也。"自《唐石经》以下各本皆作"下迤"。唐贾氏作"不迤"。故《疏》曰："不迤者，谓辐上至毂，两两相当，正直不旁迤，故曰不迤也。"文理甚明。今各本疏文皆作"下迤"（"下迤者，谓辐上至毂，两两相当，正直不旁迤，故曰下迤也"），其语绝无文理，则非贾文之底本矣。此由宋人以《疏》合经《注》者，改《疏》之"不"字合经之"下"字，所仍之经非贾氏之经本也。然则经本有二，"下"者是欤？"不"者是欤？

曰，"下"者是也。"望而视其轮"，谓视其已成轮之牙。轮围甚，牙皆向下迤邪，非谓辐与毂正直两两相当也。经下文，"县之以视其辐之直"，自谓辐。"规之以视其圜"自谓圜。轮之圜在牙。上文"毂,辐,牙,为三材",此言轮,辐,毂。轮即牙也。然则《唐石经》及各本经作"下",是;贾氏本作"不",非也。而义理之是非得矣。倘有浅人校《疏》文"下迤"之误,改为"不迤",因以疏文之"不迤",改经文之"下迤",则贾疏之底本得矣,而于义理乃大乖也。(段氏共引五例今略。……)

故校经之法,必以贾还贾,以孔还孔,以陆还陆,以杜还杜,以郑还郑,各得其底本,而后判其义理之是非,而后经之底本可定,而后经之义理可以徐定。不先正《注》《疏》《释文》之底本,则多诬古人。不断其立说之是非,则多误今人。……(《经韵楼集》)

我们看了这种校勘学方法论,不能不佩服清代汉学家的科学精神。浅学的人只觉得汉学家斤斤的争辩一字两字的校勘,以为"支离破碎",毫无趣味。其实汉学家的工夫,无论如何琐碎,却有一点不琐碎的元素,就是那一点科学的精神。

凡成一种科学的学问,必有一个系统,决不是一些零碎堆砌的知识。音韵学自从顾炎武、江永、戴震、钱大昕、段玉裁、王念孙直到章炳麟、黄侃研究古音的分部,声音的通转,不但分析更细密了,并且系统条理也更清楚明白了。训诂学用文字假借,声类通转,文法条例三项作中心,也自成系统。校勘学的头绪纷繁,很不容易寻出一些通则来。但清代的校勘学却真有条理系统,做成一种科学。我们试看王念孙《读〈淮南子〉杂志》的《后序》,说他订正《淮南子》共九百余条,推求"致误之由",可得六十四条通则。这一篇一万二千字的空前长序(《读书杂志》九之二十二)真可算是校勘学的科学方法论。又如俞樾的《古书疑义举例》的五,六,七,三卷也提出许多校勘学的通则,也可算是校勘学的方法论。

八

我想上文举的例很可以使读者懂得清代学者的治学方法了。他们用的方法，总括起来，只是两点。（1）大胆的假设，（2）小心的求证。假设不大胆，不能有新发明。证据不充足，不能使人信仰。上文举的许多例，大概多偏重求证的一方面。我现在且引清学的宗师戴震论《尚书·尧典》"光被四表"的光字的历史作为最后的一条例，作为我这一篇方法论的总结束。

《尧典》"光被四表，格于上下"。蔡沈解"光"为"显"，这是最普通的解法。但是孔安国《传》说，"光，充也"。光字作显解，何等近情近理。为什么古人偏要解作"充"字呢？岂不是舍近而求远吗？但是戴震说：

> 《孔传》，"光，充也。"陆德明《释文》无音切。孔冲远《正义》曰，"光，充，《释言》文"。据郭本《尔雅》，"桄，颎，充也"。注曰，"皆充盛也"。《释文》曰，"桄，孙作光，古黄反"。用是言之，光之为充，《尔雅》具其义。……虽《孔传》出魏、晋间人手，以仆观此字，据依《尔雅》，又密合古人属词之法，非魏、晋间人所能，必袭取师师相传旧解，见其奇古有据，遂不敢易尔。后人不用《尔雅》及古注，殆笑《尔雅》迂远，古注胶滞，如光之训充，兹类实繁。余独以谓病在后人不能遍观尽识，轻疑前古，不知而作也。

戴震是不信伪《孔传》的人，但他却要为"光，充也"一句很不近情理的话作辩护士。我们且看他的说法：

> 《尔雅》桄字，六经不见。《说文》，"桄，充也"。孙愐《唐韵》，"古旷反"。《乐记》，"钟声铿铿以立号，号以立横，横以立武"。郑康成注曰，"横，充也。谓气作充满也。"《释文》曰，"横，古旷反"。《孔子闲居》篇，"夫

民之父母乎，必达于礼乐之原，以致五至而行三无，以横于天下"。郑注曰，"横，充也"。疏家不知其义出《尔雅》。

《尧典》古本必有作"横被四表"者。横被，广被也。正如《记》所云，"横于天下"，"横于四海"，是也。横四表，格上下，对举。……横转写为桄，脱误为光。追原古初，当读"古旷反"，庶合充霈广远之义。

这真是大胆的假设。他见郭本《尔雅》的桄字在孙本作光，又见《说文》有"桄，充也"的话，又见《唐韵》读恍为古旷反，而《礼记》的横字既训为充，又读古旷反，——他看了这些事实，忽然看出他们的关系来，遂大胆下一个假设，说《尧典》的光字就是桄字，也就是横字。但是《尚书》的各本明明都作"光"字。戴震于是更大胆的提出一个很近于武断的假设，说"《尧典》古本必有作横被四表者"。这话是乾隆乙亥年（1755年）《与王内翰凤喈书》里说的。过了两年（1757年）钱大昕和姚鼐各替他寻着一个证据：

（证一）《后汉书·冯异传》有"横被四表，昭假上下"。

（证二）班固《西都赋》有"横被六合"。

过了七年多（1762年），戴震的族弟受堂又替他寻着两个证据：

（证三）《汉书·王莽传》，"昔唐尧横被四表"。

（证四）王褒《圣主得贤臣颂》，"化溢四表，横被无穷"。

过了许多年，他的弟子洪榜又寻得一证：

（证五）《淮南·原道训》，"横四维而含阴阳"。高诱注，"横读桄车之桄"。是汉人横桄通用，甚明。

他的弟子段玉裁又寻得一证：

（证六）李善注《魏都赋》，引《东京赋》"惠风横被"。今本《东京赋》作"惠风广被"，后人妄改也。

这一个字的考据的故事，很可以表示清代学者做学问的真精神。假使这个光字的古本作横已无法证实了，难道戴震就不敢下那个假设了吗？

我可以断定他仍是要提出这个假设的。如果一个假设是站在很充分的理由上面的，即使没有旁证，也不失为一个很好的假设。但他终究只是一个假设，不能成为真理。后来有了充分的旁证，这个假设便升上去变成一个真理了。

戴震自己论这个字的考据道：

> 述古之难，如此类者，遽数之不能终其物。六书废弃，经学荒谬，二千年以至今，……仆情僻识狭，以谓信古而愚，愈于不知而作。但宜推求，勿为株守。例以光之一字，疑古者在兹，信古者亦在兹。

"但宜推求，勿为株守"八个字是清学的真精神。

【附记】此篇第一至第六章是民国八年（1919年）八月作的；第七章是九年（1920年）春间作的；第八章是十年（1921年）十一月作的。相隔日久，中间定有不贯串之处。将来有暇时，当细细修正。

中国书的收集法

王（云五）先生告诉我说，众位在这里研究图书馆学，每星期请专家来讲演。我这个人，可以说是不名一家。白话文是大家做的，不能说专家；整理国故，实在说不上家。所以我今天来讲，并不是以专家的资格。并且我今天所讲的，是书的问题。书这样东西，没有人可以说是专家的，是图书馆范围非常广博，尤其更不配说专家。我家里书很多，可是乱七八糟，没有方法去整理。当我要书的时候，我写信去说：我要的书是在进门左手第三行第三格。我的书只是凭记忆所及，胡乱的放着。但是近来几次的搬家，这个进门左手第几行第几格的方法，已经不适用了。现在我的书，有的在北平，有的在上海，有的在箱子里，有的在书架上。将来生活安定了，把所有的书集在一处布置起来，还须请众位替我帮忙整理。因为我是完全不懂方法的。

近来我在国内国外走走，同一些中国图书馆家谈谈，每每得到一个结论，就是：学图书馆的人很多，但是懂得书的人很少，学图书馆的人，学了分类管理就够了，于是大家研究分类，你有一个新的分类法，他有一个新的分类法，其实这个东西是不很重要的。尤其是小规模的图书馆。在小图书馆里，不得已的时候，只须用两种方法来分类：一是人名，一是书名就够了。图书馆的中心问题，是要懂得书。图书馆学中的检字方法，分类方法，管理方法，比较起来是很容易的。一个星期学几个星期练习，就可以毕业。但是必定要懂得书，才可以说是图书馆专家。叫花子弄猴子，有了猴子，才可以弄；舞棍，有了棍，才可以舞。分类法的本身是很抽象的。书很少，自然没有地方逞本事；有了书也要知道它的内容。这本Pasteur（巴斯德）的传，应该放在什么地方？是化学家呢，还是生物学家，医学或卫生学，就彷徨无措。无论你的方法是如何周全精密，不懂得内容，是无从分类起的。图书馆学者，学了一个星期，实习了几个星期，这不过是门径。如果要把他做终身的事业，就要懂得书。懂得书，才可以买书、收书、鉴定书、分类书。众位将来去到各地服务的时候，我要提出一个警告，就是但懂得方法而不懂书是没有用的。你们的地位，只能做馆员，而不能做馆长的。

今天我所要讲的，是怎样去收集书。收书是图书馆很重要的事。可是要收的，实在不少，有旧书，有新书，有外国书，有中国书。外国书自然是（要）懂得外国文字的，才有收的方法。如果不懂得外国文字，便是讲也没有用处的，要懂书，有三个重要的办法：（一）爱书，把书当做心爱的东西，和守财奴爱钱一样。（二）读书，时时刻刻的读，继续不断的读。唯有读书才能懂书。最低的限度也要常常去看。（三）多开生路。生路多了，自然会活泛。因此外国语不能不懂。一日语，二英语，三法语，四德语，五俄语，能多懂了一种，便多了一种的好处。生路开得多了，才能讲收书，无论新的，旧的，中国的，外国的，都得知道他的内容，这样，便是分类也有了办法。

我今天的题目是"中国书的收集法"。吴稚晖先生这几年来常说中国的线装书，都应该丢到毛厕里去。这句话在精神上是很可赞成的。因为在现在的中国，的确该提倡些物质文明，无用的书可以丢掉，但是他安顿线装书的法子，实在不好。毛厕不是摆书的好地方，而且太不卫生。所以我提议把线装书一起收集起来，放到图书馆里去。所谓束之高阁。整理好了，备而不用，随时由专门学者去研究参考。那么中国书当如何收集呢？

胡适谈读书与做人

从前收集中国书,最容易犯两个大毛病:一是古董家的收集法,一是理学家的收集法。

古董家的收集法,是专讲版本的,比方藏书,大家知道北平的藏书大家傅沅叔先生。他收书,就不收明朝嘉靖以后的书。清朝的书,虽也收一点,但只限康熙、雍正、乾隆三朝的精刻本。亦有些人更进一步非宋不收,而且只限于北宋;他们以为北宋版是初刻本,当然更好。不论是哪一种书,只要是宋版,便要收藏。因此这一类书,价钱就很贵。譬如《资治通鉴》,是一部极平常的史书,什么地方都可以买,好古的收藏家,如果遇见宋刻的《资治通鉴》,都千方百计的要弄到他,就是化三千五千一万两万而得到一部不完整的本子,也是愿意的。现在刚刻出来的一本《宋刑统》这一部书,包括宋朝一代的政治法令,本来没有人注意到。大理院刻了这部书,在历史上很占重要的地位,可是古董式的收藏家,他不肯化数十块钱去买一部《宋刑统》却肯化三千五千一万两万买不完整的宋刻《资治通鉴》。拿这种态度收书,有许多毛病:(一)太奢侈,用极贵的价钱收极平常的书,太不合算,诸位将来都是到各地去办小规模的图书馆的,这种图书馆当然没有钱做这样的事情。便是有钱我以为也不必的。(二)范围太窄。譬如说,明朝嘉靖以后的书,一概不收。清朝本子刻得好的,才收一点。他们收的书,都是破铜烂铁,用处实在很少,只有古董的价值,完全没有历史的眼光。惟有给学者作校刊旧本之用。比方一部宋版的《资治通鉴》,他因为刻得最早,比较的错误的可能性少一点。如果用他去校刻旁的版本,当然有许多利益。诸位写一篇千字的文章,自己初抄的时候,抄错一个字,可是给人家第二次抄录的时候,就错了两个字。这样以讹传讹,也许会错到五六字十余字的。如果把原本对照,就可以改正好多。所以买旧本的用处,至多只有供校刊学者的校刊而已。如果要使人知道古书是怎么样子的,那么说句干脆话,还不如交给博物院去保存的好,而且严格的说一句,宋本古本不一定是好的。我们一百年来晓得校刊本子不在乎古而在乎精。比方ABC三个本子。在宋朝时候据A本校刊成为D本便称宋版。而E本呢，是收ABC三本参考校刊而成的可说是明本，这样看来，明本也许比宋本精粹些，说明如左（下）：

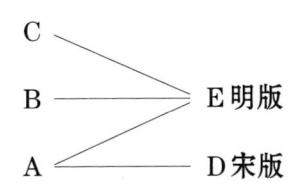

```
        C
        B ─────┐
               ├── E 明版
        A ─────┘
               └── D 宋版
```

理学家的收集法，是完全用理学家的眼光来收书的。这一种收集法比古董家还不好。古董家的眼光，如果这本书是古的他就收去，比方《四部丛刊》中的太平乐府是刻得很坏的，这里面的东西，都是元朝堂子里的姑娘所唱的小曲子，经杨朝云编在一处，才保存到现在。如果撞在道学家手里，早不知到什么地方去了，古董家因为看见他难得，所以把他收进去，使我们晓得元朝的小曲子，是一种什么样子的东西。董康先生翻刻的《五代史平话》，原是极破烂的一本书，但是因为古的关系，居然有人把他刻出来保全了这个书，这是第一种比第二种好的地方。还有一种好处，就是古董家虽然不懂这破烂的书，可是放着也好，要是用道学家的眼光收书，有很大的毛病。《四库全书》是一个很大的收集（collection）。但是清乾隆皇帝所颁的上谕，和提要中，口口声声说是要搜集有关世道人心的书。这我们查书的几篇上谕，就可以知道。所以他小曲子不要，小学不要。他所收的，都是他认为与世道人心无妨碍的。拿这个标准收书，就去掉了不少有用的书。他的弊端很大：一，门类太窄。《四库全书》是大半根据《永乐大典》集出来的。《永乐大典》的收集法，乱七八糟，什么书都收在里面。戏也有，词曲也有，小学也有，他的收法，是按韵排列的。譬如这部戏曲是微韵，就收入微韵里。可是到了清朝，那些学者的大臣，学者的皇帝，带上了道学家的幌子，把《永乐大典》中保存的许多有用的书，都丢掉了。自此用道学的眼光收书，门类未免太狭。二，因人废言。用道学家的眼光收书，常常因人的关系，去掉许多有用的书。比方明朝的严嵩，是当初很有名的文学家，诗文词赋，都占极高的地位，可是在道学家的眼光看来，他是一个大奸臣，因此《四库全书》中，便不收他的东西。又如姚广孝，是永乐皇帝——明成祖的功臣。他是一个和尚，诗文都好。但是他因为帮永乐篡位，所以他的作品也不被收，又像明末清初的吴梅村等，都是了不得的人才。三百年来，他的文字，要占极高的地位。不过因为他在明朝做了官，又在清朝做官，便叫他贰臣。他的作品，也就不能存在。三，因辞废言。用道学家的眼光收书，对于人往往有成见。其实这是很可笑的，往往因文字上忌讳的缘故，把他的作品去掉，这是很不对的。《四库全书》中有许多书不予收入，而且另外刊入禁书目录，有些明朝末叶的书，有诋毁清朝的，都在销毁之列。因此用道学家的眼光收书，是很不对的。四，门户之见太深。门户之见，道学家最免不掉。程朱之学与陆王之学，是互相排斥的，两者便格格不入。所以程朱的一流对于王学每认为异端拒而不收；王阳明的东西尚不肯收，那么等而下之，自然不必说了。王派对于朱学，也极口诋毁。至于佛家道家，也在排斥之列。《四库全书》关于道家的，完全没有放进去。在中国这学派门户之见实在很多，总而言之，门类太窄，因人废言，因辞废言，或者为了学派门户的成见，以批评人的眼光抹杀他的书，这样收书，就冤抑了许多有价值的书。如果在一百余年以前，他们的眼光，能放得大些，不要说把销毁的书保留起来，如能将禁书收进去，也可为我们保留了不少的材料。在那个时候，没有遭大乱，太平天国的乱事没有起，圆明园也没有烧毁，假如能放大眼光，是何等的好。可是因为中了这种种的毒，所以永远办不到。

今天我讲的，是第三种方法。这个方法，还没有相当的有名字，我叫他杂货店的收书法。明白的说，就是无书不收的收书法。不论甚么东西，如果是书，就一律都要。这个办法，并不是杜撰的，上次顾颉刚先生代表广州中山大学，拿了几万块钱出来收书，就是这样办法。人家笑话他，他还刊了一本小册说明他的方法。这书，王先生也许看见过。他到杭州、上海、苏州等处，到了一处，就通知旧书铺，叫他把所有的书，统统开个单子，就尽量的收下来。什么三字经，千字文，医书，和从前的朱卷都要。秀才的八股卷子也要，账簿也要，老太太写的不通的信稿子也要，小热昏，滩簧，算命书，看相书，甚至人家的押契，女儿的礼单，和丧事人家账房先生所开的单子如杠夫多少，旗伞多少，如何排场等的东西都要。摊头上印得很恶劣的唱本，画册，一应都收了来。人家以为宝贝的书，他却不收。他怕人家不了解，印了一个册子去说明，可是人家总当他是外行，是大傻子，被人笑煞。不过我今天同诸位谈谈，收集旧书，这个方法最好。他的好处在哪里呢？（一）把收书的范围扩大所谓无所不收。不管他是古，是今，是好版本，是坏版本，有价值，没有价值，统统收来，材料非常丰富。（二）可免得自己来去取。不懂得书，要去选择，是多么麻烦的事。照这样子的收书，不管他阿猫阿狗，有价值，没有价值，一概都要。如果用主观来去取书，选择书，还是免不掉用新的道学家的眼光，来替代老的道学家的眼光。是最不妥当的事。（三）保存无数的史料。比方人家大出丧，这个出丧单子，好像没有用处。但是你如果保存起来，也有不少的用途，在历史上，留下一个很好的记载。像虞洽卿先生的夫人死了，就有大规模的出丧，仪仗很盛。那时人家只看见了这样的出丧，却没有人去照相去详细记载。如果找到了虞先生的账房先生，要了那张单子，就知道他这次出丧多少排场，多少费用，给社会学者留下很好的材料。将来的人，也可以知道在中华民国十七年〇月〇日，上海〇〇人家，还有这样的大出丧。这种史料是再好不过的。（四）所费少而所收多，譬如八股文现在看来是最没用的东西，简直和破纸一样，可以称斤的卖去；可是八股文这种东西，在中国五百年的历史上来占极重要的地位。几百万最高的阶级——所谓第一类人才的智识阶级，把他全部的精神，都放在里面，我们想想，这与五百年来学者极有关系的东西，是不是历史上最重要的材料；而且这个东西，再过十年八年，也许要没有了。现在费很少的钱，把他收了，将来价格一贵，就可不收。而且还可以一集二集地印出来卖钱，什么成化啊，宏治啊，嘉靖啊式式都有。到没有的时候，也许会利市三倍呢。（五）偶然发现极好的材料。这种称斤的东西，里面常有不少的好材料。如果在几十斤几百斤破烂东西中，得到了一本好材料，所费的钱，已经很值得了。

有人问我，你不赞成古董家的收书法，又不赞成道学家的收书法，那么这个杂货店的收书法，原则是什么呢？当然，杂货店不能称是原则，他的原则，是用历史家的眼光来收书。从前绍兴人章学诚，（实斋）他说："六经皆史也。"人家当初，都不相信他，以为是谬论。用现在的眼光来看这句话，其实还幼稚得很。我们可以说："一切的书籍，都是历史的材料。"中国书向来分为经史子集四类，经不过是总集而已。章学诚已认他是史。史当然是历史。所谓集，是个人思想的集体，究其实，也渊源于史，所以是一种史料。子和集，性质相同，譬如《庄子》《墨子》，就是庄子、墨子的文集，亦是史料。所以大概研究哲学史，就到子书里去找。这样看来，一切的书，的确是历史的材料。

虞洽卿家里的礼单是历史，算命单也是历史。某某人到某某地方算命，就表示在民国〇年〇月〇日还有人算命。是很好的一种社会历史和思想史料，《三字经》和《百家姓》，好像没有用了，其实都是史料。假如我做一部中国教育史，《三字经》和《百家姓》，就占一个很重要的地位，必须研究他从什么时候起的，他的势力是怎么样。又像描红的小格子，从前卖一个小钱一张，他在什么时候起的，什么时候止的，都是教育史上的好材料，因为从前读书，差不多都写这种字。从前有某某图书馆征求民国以前的《三字经》刻本，都没有征求到，可知这种东西到了没有的时候，是极可贵的。我小时候读书，把南京李广明记得很熟，因为所读的《三字经》《千字文》《百家姓》和《学而》——《论语》首章等，都是从李广明来的。李广明在教育史上，也有一个相当的地位，此外如《幼学琼林》啊，《神童诗》啊，《千家诗》啊，都是教育史料。至于八股文乃是最重要的文学史料，教育史料，思想史料，哲学史料。所谓滩簧、唱本、小热昏，也是文学史料，可以代表一个时代的平民文学。诸位要知道文学中最重要的一部分，乃是大多数人最喜欢唱，喜欢念，喜欢做的东西。还有看相的书，同道士先生画的符，念的咒，都是极好的社会史料，和宗教史料，思想史料。婚姻礼单，又是经济史料和社会史料。讲到账簿可以说是经济史料。比方你们要研究一个时代的生计，如果有这种东西做参考，才能有所根据，得到正确的答案。英国有人（Rojers）专门研究麦价，便是到各地去专找账簿。麦子在某年是多少钱一担？价格的变迁如何？农家的出产多少如何？他是专门搜集农家教堂和公共机关的账簿来比较研究的。这种种的东西，都是有价值的社会经济史料。我记得我十岁十一岁时记账，豆腐只是三个小钱一块。现在拿账簿一看，总得三个铜板一块，在这短短的时期中，竟增加到十倍。数十年后，如果没有这种材料，哪里还会知道当时经济的情况。倘使你有关于和尚庙尼姑庵等上吊的新材料，你也可收集起来。因为这是社会风俗史的一部。人们能用这种眼光来看书，无论他是有无道理，都一概收集，才是真正收书家的态度，我们研究历史，高明的固然要研究；就是认为下流的，也要研究；才能确切知道一时代的真相。高明到什么地步，下流到什么地步，都要切切实实的研究一下。

　　谈到文学，杜工部、李太白的诗，固然是历史上的重要文学，应该懂的；然而当时老百姓的文学，也占同一的地位，所以也必须懂得。李杜的东西，只能代表一般贵族的历史，并不能说含有充分的平民历史；老百姓自己的东西才是真正的平民历史。《金瓶梅》是代表明代中叶到晚年一个小小的贵族的一种情形，譬如书中的主人，有一个大老婆五个小老婆，还有许多姘头，一家的内幕，是如此如此，如果没有这种书，

胡适谈读书与做人

怎么能知道当时社会上一般的情况。此外如《醒世姻缘》小说，不但可以做当时家庭生活的材料，还可知道从前小孩子怎样上学堂，如何开笔做八股文，都是应该知道的事；要有种种材料给我们参考，我们才能了然于胸中。因此我们的确应当知道，王阳明讲些什么学说，而同时《金瓶梅》中的东西亦应当知道的。因为王阳明和《金瓶梅》同是代表十五世纪到十六世纪一般的情形，在历史上，有同样的价值。无论是破铜烂铁，竹头木屑，好的坏的，一起都收，要知道历史是整个的，无论哪一方面缺了，便不成整个。少了《金瓶梅》，知道王阳明，不能说是知道十六世纪的历史；知道《金瓶梅》，去掉王阳明，也不能说是知道十六世纪的历史；因此《圣谕广训》是史料，《品花宝鉴》也是史料，因为他讲清朝一种男娼的风气，两者缺了一点，就不能算完全。我们还要知道历史是继续不断的变迁的，要懂得他变迁的痕迹，更不能不晓得整个的历史是怎样。

材料不在乎好坏，只要肯收集，总是有用处的。比方甘肃敦煌石室里的破烂东西，都是零落不全的，现在大家都当他宝贝，用照像版珂罗版印了几页，要卖八元，九元，二十元的钱。我们到北京去，也得看见一点敦煌石室中的东西。敦煌石室中的东西，是甘肃敦煌县东南的一个石窟（叫做莫高窟）里所藏的书。敦煌那个地方有一个千佛洞，在佛教最盛的时候，有二三百座庙，石室里都是壁画，大概是唐人的手笔；亦有六朝晋朝时候的壁画。因为北方天气干燥，所以都没有坏。有一个庙是专门藏书用的。当初没有刻本，只有写本。有的是蝇头细楷，有的是草字，差不多式式都有。其中佛经最多，亦有雕本，恐怕是世界上最早的了。这里面有和尚教徒弟的经卷，有和尚念的经咒，女人们刺血写的符箓，和尚的伙食账簿，小和尚的写字本子，和唱本小调，就是敦煌府的公文，也留在里面。有许多书，有年代可考，大概在西历纪元五百年起，到一千一百十年的光景——东晋到宋真宗时。这许多年代中，有很多的材料，都不断的保存在这个和尚庙里。到了北宋初年，那里起了战乱，和尚们恐怕烧掉，就筑了墙，把一应文件都封在中间。大概打仗很久，和尚们死的死，逃的逃，从宋真宗时封起，一直到清末庚子年，墙坏了，就修理修理，也不知道中间有什么东西。直到庚子年——西历1900年，一个道士偶然发现石室中的藏书，才破了这个秘密。可是这个道士也不当他是宝贝，把他当符箓来卖钱，说是可以治病的。什么人头痛就买一张烧了灰吃下去，说是可以医头痛；什么人脚痛，也买一张烧了灰吃下去，说是可以医脚痛。这样卖了七八年，到了1907年，才有洋鬼子来了。那是英国的史坦因（Stein），他从中亚来，是往北探险去的。他并没有中国的学问，据说他有一个助手王世庭，学问也并不高明，不过他曾听见在敦煌发现了许多东西，就去看看，随便给他多少钱买了大半去。因为不好拿，就捆了几大捆，装着走了。过了半年那是1908年，法国学者伯希和（Pelliot）来了，他是有名的学问家，他的中国学问，恐怕中国学者，也不能及他。不过伯希和（Pelliot）很穷，只能够在敦煌选了二千多卷，拿到北京，他是很诚实的，还去问问人家，请教人家，于是大家就知道了敦煌有这个东西。清朝的学部也得了这个消息，就打电报给陕甘总督，叫他把所有石室里的东西，统统封好了，送到京师图书馆里去。那些官员，到这个时候，才知道他是宝贝；因为外人都买了装回本国去，朝廷又要他封送晋京，于是拣完整的字迹端秀的几卷，大家偷了去送人，所以偷掉的也不少，现在存在北京的，还有八千余卷。从东晋到宋朝初年，六百年间，许多史料，都保存在里头，真是无价之宝，现在六千余卷在英国伦敦，二千余卷在法国巴黎，八千余卷在北平，一共在一万八千卷左右，我都去看过，在英国、法国的数千卷，那真可爱。他们都用极薄极薄的纸，把他裱起来，装订成册；便是残破了的一角，或是扯下的一个字，也统统裱好了，藏在一处。他的内容说来很可笑，我刚才说过，小和尚的写字本子，老和尚念的经卷，和女师太刺血写的东西，样样都有。……各种材料，差不多都有一点。此外如七字的唱本，像《天雨花》《笔生花》一类的东西，唐朝已经有了。我们只知后代才有，哪里知道敦煌石室里面，已有这个东西，可以说是唱本的老祖宗。这在文学史上，是多么重要的好材料。这不但使我们知道六百年前的宗教史事，就是我们要研究佛家哲学经济思想之等等许多史料，都可到里面去找，在那时很不经意的，乱七八糟杂货店式的把东西丢在一处，不料到九百年后，成了你争我夺的宝贝，这是此种收书的很好的证据。

因此诸位如果有心去收，破铜烂铁，都有用处，我们知道我们凭个人的主观去选择各书是最容易错误的。这个要那个不要，借自己的爱憎来定去取，是最不对的，我们恨滩簧小调，然而滩簧小调在整个的文学上，也占极重要的地位。孔子是道学家，可是他删诗而不删掉极淫乱的作品，正可充分表现他有远大的目光，《诗经》中有两章如下：

子惠思我，褰裳涉溱；子不我思，岂会他人？狂童之狂也且！

子惠思我，褰裳涉洧；子不我思，岂无他士？狂童之狂也且！

孔子收书，因为有这种态度，这种眼光，所以为中国，为全世界，保存了最古，最美，最有价值的文学史料，社会史料，宗教史料，政治史料。假如一有成见，还会有这样的成功么？现在流行市面的小报很多，什么叽哩咕罗，噜哩噜苏，《福尔摩斯》《晶报》《大晶报》等，五花八门，为一般人所鄙弃的，可是他们也有他们的用处。我们如果有心收集起来，都是将来极好的文学史料，社会史料。要是在十年二十年后，再要去找一个叽哩咕罗，或是噜哩噜苏也许没法得到。我能把他保存起来，十年二十年后，人家要一个叽哩咕罗，要一个噜哩噜苏，我就可以供给他们，借此能知道民国十七年，上海社会上一般的情形是怎么样。当《申报》五十年纪念的时候，他们出一部纪念册，可是《申报》馆竟没有一份全份的《申报》。于是登报征求。结果全中国只有一个人有这么一份，《申报》馆愿意出很多的钱去收买，结果是二万块钱买了来。照我这样，觉得二十万块钱都值得，以中国之大，或者说是以世界之大，而只有一份不缺的《申报》，你想是多么可贵呢，所以现在看为极平常而可以随手弃掉的东西，你如果有一个思想，觉得他是二十年后二千年后的重要史料，设法保存起来，这些东西，就弥觉可珍了。

我们收集图书，必须有这种历史的眼光，个人的眼光有限，所有的意见，也许是错误的，人家看为有价值的，我以为无价值；人家看为无价值的，我以为有价值，这种事情很多。我们收书，不能不顾到。所以，一要认定我们个人的眼光和意见是有限的，有错误的。二要知道今天看为平常容易得的东西，明天就没有，后天也许成了古董，假如我们能存这个观念，拿历史的眼光来收书，就是要每天看后的报纸，也都觉得可贵的。

讲到这里，诸位对我所说的，也许有一点怀疑，以为照这样说来，不是博而寡要了么？可是我觉得图书馆是应当要博的，而且从博这个字上，也会自然而然的走到精密的路上去。收文学书的，他从文学上的重要材料起，一直到滩簧小热昏为止，件件都收。或者竟专力于文学中的一部；从专中求博，也未尝不可。有一位陶兰泉先生，绰号叫陶开化，他收书什么都收。但只限于殿版开化纸的书，因此得了这个陶开化的名称，正是博中寓专。因此第一步是博，第二步是由博而专，这也是自然而然的趋向，大概到专，亦有三个缘故，一是天才的发展，二是个人嗜好，三是环境上的便利。有这三个缘故，自然会走上专门的路。诸位都知道欧洲的北边，有一个小岛，叫冰岛（Iceland），那里许多的文学材料，再不能到冰岛去找，全世界只有我的母校康奈尔大学有这完全的冰岛文学史料，康奈尔图书馆所著名的，也就是这一点。因为当初冰岛上有人专门收集这全部的材料，后来捐给康奈尔，并又斥资再由康奈尔到冰岛去搜集，因此我的母校，就以冰岛文学著名于全世界。这种无所不收的材料，实在有非常的价值，非常的用处。

今天我讲书的收集法，是极端主张要博，再从博而专门，古董家和道学家的方法，是绝对要不得的，这不过一个大概，神而明之，存乎其人，详细的办法，还须诸位自己去研究。

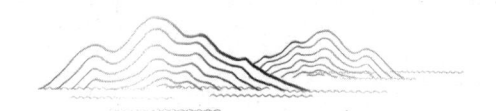

下卷
胡适谈做人

生命本没有意义，你要能给它什么意义，它就有什么意义。与其终日冥想人生有何意义，不如试用此生做点有意义的事。

把自己铸造成器，方才可以希望有益于社会。真实的为我，便是最有益的为人。把自己铸造成了自由独立的人格，你自然会不知足，不满意现状，敢说老实话。

下卷　胡适谈做人

归国杂感

我在美国动身的时候,有许多朋友对我道:"密斯忒胡,你和中国别了七个足年了,这七年之中,中国已经革了三次的命,朝代也换了几个了。真个是一日千里的进步。你回去时,恐怕要不认得那七年前的老大帝国了。"我笑着对他们说道:"列位不用替我担忧。我们中国正恐怕进步太快,我们留学生回去要不认得他了,所以他走上几步,又退回几步。他正在那里回头等我们回去认旧相识呢。"

这话并不是戏言,乃是真话。我每每劝人回国时莫存大希望:希望越大,失望越大。所以我自己回国时,并不曾怀什么大希望。果然船到了横滨,便听得张勋复辟的消息。如今在中国已住了四个月了,所见所闻,果然不出我所料。七年没见面的中国还是七年前的老相识!到上海的时候,有一天,有一位朋友拉我到大舞台去看戏。我走进去坐了两点钟,出来的时候,对我的朋友说道:"这个大舞台真正是中国的一个绝妙的缩本模型。你看这大舞台三个字岂不很新?外面的房屋岂不是洋房?里面的座位和戏台上的布景装潢又岂不是西洋新式?但是做戏的人都不过是赵如泉、沈韵秋、万盏灯、何家声、何金寿这些人。没有一个不是二十年前的旧古董!我十三岁到上海的时候,他们已成了老脚色了。如今又隔了十三年了,却还是他们在台上撑场面。这十三年造出来的新角色都到那里去了呢？你再看那台上做的《举鼎观画》。那祖先堂上的布景，岂不很完备？只是那小薛蛟拿了那老头儿的书信，就此跨马加鞭，却忘记了台上布的景是一座祖先堂！又看那出《四进士》。台上布景，明明有了门了，那宋士杰却还要做手势去关那没有的门！上公堂时，还要跨那没有的门槛！你看这二十年前的旧古董，在二十世纪的小舞台上做戏；装上了二十世纪的新布景，却偏要做那二十年前的旧手脚！这不是一幅绝妙的中国现势图吗？"

我在上海住了十二天，在内地住了一个月，在北京住了两个月，在路上走了二十天，看了两件大进步的事：第一件是"三炮台"的纸烟，居然行到我们徽州去了；第二件是"扑克"牌居然比麻雀牌还要时髦了。"三炮台"纸烟还不算稀奇，只有那"扑克"牌何以会这样风行呢？有许多老先生向来学A、B、C、D，是很不行的，如今打起"扑克"来，也会说"恩德"，"累死"，"接客倭彭"了！这些怪不好记的名词，何以会这样容易上口呢？他们学这些名词这样容易，何以学正经的A、B、C、D，又那样蠢呢？我想这里面很有可以研究的道理。新思想行不到徽州，恐怕是因为新思想没有"三炮台"那样中吃罢？A、B、C、D，不容易教，恐怕是因为教的人不得其法罢？

我第一次走过四马路，就看见了三部教"扑克"的书。我心想"扑克"的书已有这许多了，那别种有用的书，自然更不少了，所以我就花了一天的工夫，专去调查上海的出版界。我是学哲学的，自然先寻哲学的书。不料这几年来，中国竟可以算得没有出过一部哲学书。找来找去，找到一部《中国哲学史》，内中王阳明占了四大页，《洪范》倒占了八页！还说了些"孔子既受天之命"，"与天地合德"的话。又看见一部《韩非子精华》，删去了《五蠹》和《显学》两篇，竟成了一部"韩非子糟粕"了。文学书内，只有一部王国维的《宋元戏曲史》是很好的。又看见一家书目上有翻译的萧士比亚（莎士比亚）剧本，找来一看，原来把会话体的戏剧，都改作了《聊斋志异》体的叙事古文！又看见一部《妇女文学史》，内中苏蕙的回文诗足足占了六十页！又看见《饮冰室丛著》内有《墨学微》一书，我是喜欢看看墨家的书的人，自然心中很高兴。不料抽出来一看，原来是任公先生十四年前的旧作，不曾改了一个字！此外只有一部《中国外交史》，可算是一部好书，如今居然到了三版了。这件事还可以使人乐观。此外那些新出版的小说，看来看去，实在找不出一部可看的小说。有人对我说，如今最风行的是一部《新华春梦记》，这也可想见中国小说界的程度了。

总而言之，上海的出版界——中国的出版界——这七年来简直没有两三部以上可看的书！不但高等学问的书一部都没有，就是要找一部轮船上火车上消遣的书，也找不出（后来我寻来寻去，只寻得一部吴稚晖先生的《上下古今谈》，带到芜湖路上去看）！我看了这个怪现状，真可以放声大哭。如今的中国人，肚子饿了，还有些施粥的厂把粥给他们吃。只是那些脑子叫饿的人可真没有东西吃了。难道可以把些《九尾龟》《十尾龟》来充饥吗？

中文书籍既是如此，我又去调查现在市上最通行的英文书籍。看来看去，都是些什么萧士比亚的《威匿思高》（今译《威尼斯商人》）《麦克白传》，阿狄生的《文报选录》，戈司密的《威克斐牧师》，欧文的《见闻杂记》……大概都是些十七世纪十八世纪的书。内中有几部十九世纪的书，也不过是欧文、迭更司（今译狄更斯）、司各脱（今译司各特）、麦考来几个人的书，都是和现在欧美的新思潮毫无关系的。怪不得我后来问起一位有名的英文教习，竟连Bernard Shaw的名字也不曾听见过，不要说Tchekoff和Andreyev了。我想这都是现在一班教会学堂出身的英文教习的罪过。这些英文教习，只会用他们先生教过的课本。他们的先生又只会用他们先生的先生教过的课本。所以现在中国学堂所用的英文书籍，大概都是教会先生的太老师或太太老师们教过的课本！怪不得和现在的思想潮流绝无关系了。

有人说，思想是一件事，文学又是一件事，学英文的人何必要读与

胡适谈读书与做人

现代新思潮有关系的书呢？这话似乎有理，其实不然。我们中国人学英文，和英国、美国的小孩子学英文，是两样的。我们学西洋文字，不单是要认得几个洋字，会说几句洋话，我们的目的在于输入西洋的学术思想。所以我以为中国学校教授西洋文字，应该用一种"一箭射双雕"的方法，把"思想"和"文字"同时并教。例如教散文，与其用欧文的《见闻杂记》，或阿狄生的《文报选录》，不如用赫胥黎的《进化杂论》。又如教戏曲，与其教萧士比亚的《威尼斯商人》，不如用Bernard Shaw的*Androcles and The Lion*，或是Galsworthy的*Strife*或*Justice*。又如教长篇的文字，与其教麦考来的《约翰生行述》，不如教弥尔的《群己权界论》。……我写到这里，忽然想起日本东京丸善书店的英文书目。那书目上，凡是英美两国一年前出版的新书，大概都有。我把这书目和商务印书馆与伊文思书馆的书目一比较，我几乎要羞死了。

我回中国所见的怪现状，最普通的是"时间不值钱"。中国人吃了饭没有事做，不是打麻雀，便是打"扑克"。有的人走上茶馆，泡了一碗茶，便是一天了。有的人拿一只鸟儿到处逛逛，也是一天了。更可笑的是朋友去看朋友，一坐下便生了根了，再也不肯走。有事商议，或是有话谈论，倒也罢了。其实并没有可议的事，可说的话。我有一天在一位朋友处有事，忽然来了两位客，是□□馆的人员。我的朋友走出去会客，我因为事没有完，便在他房里等他。我以为这两位客一定是来商议这□□馆中什么要事的。不料我听得他们开口道："□□先生，今回是打津浦火车来的，还是坐轮船来的？"我的朋友说是坐轮船来的。这两位客接着便说轮船怎样不便，怎样迟缓。又从轮船上谈到铁路上，从铁路上又谈到现在中、交两银行的钞洋跌价。因此又谈到梁任公的财政本领，又谈到梁士诒的行踪去迹……谈了一点多钟，没有谈上一句要紧的话。后来我等的没法了，只好叫听差去请我的朋友。那两位客还不知趣，不肯就走。我不得已，只好跑了，让我的朋友去领教他们的"二梁优劣论"罢！

美国有一位大贤名弗兰克令（Benjamin Franklin）的，曾说道："时

下卷　胡适谈做人

间乃是造成生命的东西。"时间不值钱,生命自然也不值钱了。上海那些拣茶叶的女工,一天拣到黑,至多不过得二百铜钱,少的不过得五六十钱!茶叶店的伙计,一天做十六七点钟的工,一个月平均只拿得两三块钱!还有那些工厂的工人,更不用说了。还有那些更下等、更苦痛的工作,更不用说了。人力那样不值钱,所以卫生也不讲究,医药也不讲究。我在北京、上海看那些小店铺里和穷人家里的种种不卫生,真是一种黑暗世界。至于道路的不洁净,瘟疫的流行,更不消说了。最可怪的是无论阿猫、阿狗都可挂牌医病,医死了人,也没有人怨恨,也没有人干涉。人命的不值钱,真可算得到了极端了。

现今的人都说教育可以救种种的弊病。但是依我看来,中国的教育,不但不能救亡,简直可以亡国。我有十几年没到内地去了,这回回去,自然去看看那些学堂。学堂的课程表,看来何尝不完备?体操也有,图画也有,英文也有,那些国文、修身之类,更不用说了。但是学堂的弊病,却正在这课程完备上。例如我们家乡的小学堂,经费自然不充足了,却也要每年花六十块钱去请一个中学堂学生兼教英文唱歌。又花二十块钱买一架风琴。我心想,这六十块一年的英文教习,能教什么英文?教的英文,在我们山里的小地方,又有什么用处?至于那音乐一科,更无道理了。请问那种学堂的音乐,还是可以增进"美感"呢,还是可以增进音乐知识呢?若果然要教音乐,为什么不去村乡里找一个会吹笛子的唱昆腔的人来教?为什么一定要用那实在不中听的二十块钱的风琴呢?那些穷人的子弟学了音乐回家,能买得起一架风琴来练习他们所学的音乐知识吗?我真是莫名其妙了。所以我在内地常说:"列位办学堂,尽不必问教育部规程是什么,须先问这块地方上最需要的是什么。譬如我们这里最需要的是农家常识、蚕桑常识、商业常识、卫生常识,列位却把修身教科书去教他们做圣贤!又把二十块钱的风琴去教他们学音乐!又请一位六十块钱一年的教习教他们的英文!列位且自己想想看,这样的教育,造得出怎么样的人才?所以我奉劝列位办学堂,切莫注重课程的完备,须要注意课程的实用。尽

胡适谈读书与做人

不必去巴结视学员,且去巴结那些小百姓。视学员说这个学堂好,是没有用的。须要小百姓都肯把他们的子弟送来上学,那才是教育有成效了。"

以上说的是小学堂。至于那些中学堂的成绩,更可怕了。我遇见一位省立法政学堂的本科学生,谈了一会,他忽然问道:"听说东文是和英文差不多的,这话可真吗?"我已经大诧异了。后来他听我说日本人总有些岛国的习气,忽然问道:"原来日本也在海岛上吗?"……这个固然是一个极端的例。但是如今中学堂毕业的人才,高又高不得,低又低不得,竟成了一种无能的游民。这都由于学校里所教的功课,和社会上的需要毫无关涉。所以学校只管多,教育只管兴,社会上的工人、伙计、账房、警察、兵士、农夫……还只是用没有受过教育的人。社会所需要的是做事的人才,学堂所造成的是不会做事又不肯做事的人才,这种教育不是亡国的教育吗?

我说我的《归国杂感》,提起笔来,便写了三四千字。说的都是些很可以悲观的话。但是我却并不是悲观的人。我以为这二十年来中国并不是完全没有进步,不过惰性太大,向前三步又退回两步,所以到如今还是这个样子。我这回回家寻出了一部叶德辉的《翼教丛编》,读了一遍,才知道这二十年的中国实在已经有了许多大进步。不到二十年前,那些老先生们,如叶德辉、王益吾之流,出了死力去驳康有为,所以这书叫做《翼教丛编》。我们今日也痛骂康有为。但二十年前的中国,骂康有为太新;二十年后的中国,却骂康有为太旧。如今康有为没有皇帝可保了,很可以做一部《翼教续编》来骂陈独秀了。这两部"翼教"的书的不同之处,便是中国二十年来的进步了。

下卷　胡适谈做人

易卜生主义

一

易卜生最后所作的《我们死人再生时》（When We Dead Awaken）一本戏里面有一段话，很可表出易卜生所作文学的根本方法。这本戏的主人公是一个美术家，费了全副精神，雕成一副像，名为"复活日"。这位美术家自己说他这副雕像的历史道：

> 我那时年纪还轻，不懂得世事。我以为这"复活日"应该是一个极精致，极美的少女像，不带着一毫人世的经验，平空地醒来，自然光明庄严，没有什么过恶可除。……但是我后来那几年，懂得些世事了，才知道这"复活日"不是这样简单的，原来是很复杂的。……我眼里所见的人情世故，都到我理想中来，我不能不把这些现状包括进去。我只好把这像的座子放大了，放宽了。
>
> 我在那座子上雕了一片曲折爆裂的地面。从那地的裂缝里，钻出来无数模糊不分明，人身兽面的男男女女。这都是我在世间亲自见过的男男女女。（二幕）

这是"易卜生主义"的根本方法。那不带一毫人世罪恶的少女像，是指那盲目的理想派文学。那无数模糊不分明，人身兽面的男男女女，是指写实派的文学。易卜生早年和晚年的著作虽不能全说是写实主义，但我们看他极盛时期的著作，尽可以说，易卜生的文学，易卜生的人生观，只是一个写实主义。1882年，他有一封信给一个朋友，信中说道：

　　我做书的目的，要使读者人人心中都觉得他所读的全是实事。（《尺牍》第一五九号）

　　人生的大病根在于不肯睁开眼睛来看世间的真实现状。明明是男盗女娼的社会，我们偏说是圣贤礼义之邦；明明是赃官污吏的政治，我们偏要歌功颂德；明明是不可救药的大病，我们偏说一点病都没有！却不知道：若要病好，须先认有病；若要政治好，须先认现今的政治实在不好；若要改良社会，须先知道现今的社会实在是男盗女娼的社会！易卜生的长处，只在他肯说老实话，只在他能把社会种种腐败龌龊的实在情形写出来叫大家仔细看。他并不是爱说社会的坏处，他只是不得不说。1880年，他对一个朋友说：

　　我无论作什么诗，编什么戏，我的目的只要我自己精神上的舒服清净。因为我们对于社会的罪恶，都脱不了干系的。（《尺牍》第一四八号）

因为我们对于社会的罪恶都脱不了干系，故不得不说老实话。

二

　　我们且看易卜生写近世的社会，说的是一些什么样的老实话。第一，先说家庭。

　　易卜生所写的家庭，是极不堪的。家庭里面，有四种大恶德：一是自私自利；二是倚赖性，奴隶性；三是假道德，装腔做戏；四是懦怯没有胆子。做丈夫的便是自私自利的代表。他要快乐，要安逸，还要体面，所以他要娶一个妻子。正如《娜拉》戏中的郝尔茂（今译海尔茂），他觉得同他妻子有爱情是很好玩的。他叫他妻子做"小宝贝""小鸟儿""小松鼠儿""我的最亲爱的"等等肉麻名字。他给他妻子一点钱去买糖吃，买粉搽，买好衣服穿。他要他妻子穿得好看，打扮得标致。做妻子的完全是一个奴隶。他丈夫喜欢什么，他也该喜欢什么，他自己是不许有什么选择的。他的责任在于使丈夫欢喜。他自己不用有思想：他丈夫会替他思想。他自己不过是他丈夫的玩意儿，很像叫花子的猴子专替他变把戏引人开心的（所以《娜拉》又名《玩物之家》）。丈夫要妻子守节，妻子却不能要丈夫守节，正如《群鬼》（Ghosts）戏里的阿尔文夫人受不过丈夫的气，跑到一个朋友家去；那位朋友是个牧师，很教训了他一顿，说他不守妇道。但是阿尔文夫人的丈夫专在外面偷妇人，甚至淫乱他妻子的婢女；人家都毫不介意，那位牧师朋友也觉得这是男人常有的事，不足为奇！妻子对丈夫，什么都可以牺牲；丈夫对妻子，是不犯着牺牲什么的。《娜拉》戏内的娜拉因为要救她丈夫的生命，所以冒他父亲的名字，签了借据去借钱。后来事体闹穿了，他丈夫不但不肯替娜拉分担冒名的干系，还要痛骂他带累他自己的名誉。后来和平了结了，没有危险了，他丈夫又装出大度的样子，说不追究他的错处了。他得意扬扬的说道："一个男人赦了他妻子的过犯是很畅快的事！"（《娜拉》三幕）

这种极不堪的情形，何以居然忍耐得住呢？第一，因为人都要顾面子，不得不装腔作势，做假道德遮着面孔。第二，因为大多数的人都是没有胆子的懦夫。因为要顾面子，故不肯闹翻；因为没有胆子，故不敢闹翻。那《娜拉》戏里的娜拉忽然看破家庭是一座做猴子戏的戏台，他自己是台上的猴子。他有胆子，又不肯再装假面子，所以告别了掌班的，跳下了戏台，去干他自己的生活。那《群鬼》戏里的阿尔文夫人没有娜拉的胆子，又要顾面子，所以被他的牧师朋友一劝，就劝回头了，还是回家去尽他的"天职"，守他的"妇道"。他丈夫仍旧做那种淫荡的行为。阿尔文夫人只好牺牲自己的人格，尽力把他羁縻在家。后来生下一个儿子，他母亲恐怕他在家学了他父亲的坏榜样，所以到了七岁便把他送到巴黎去。他一面要哄他丈夫在家，一面要在外边替他丈夫修名誉，一面要骗他儿子说他父亲是怎样一个正人君子。这种情形,过了十九个足年,他丈夫才死。死后,他妻子还要替他装面子,花了许多钱,造了一所孤儿院,作他亡夫的遗爱。孤儿院造成了,把他儿子唤回来参与孤儿院落成的庆典。谁知他儿子从胎里就得了他父亲的花柳病的遗毒,变成一种脑腐症,到家没几天,那孤儿院也被火烧了,他儿子的遗传病发作,脑子坏了,就成了疯人了。这是没有胆子,又要顾面子的结局。这就是腐败家庭的下场!

三

其次,且看易卜生的社会的三种大势力。那三种大势力:一是法律,二是宗教,二是道德。

第一,法律　法律的效能在于除暴去恶,禁民为非。但是法律有好处也有坏处。好处在于法律是无有偏私的;犯了什么法,就该得什么罪。坏处也在于此。法律是死板板的条文,不通人情世故;不知道一样的罪名却有几等几样的居心,有几等几样的境遇情形;同犯一罪的人却有几等几样的知识程度。法律只说某人犯了某法的某某篇某某章某某节,该得某某罪,全不管犯罪的人的知识不同,境遇不同,居心不同。《娜拉》戏里有两件冒名签字的事:一件是一个律师做的,一件是一个不懂法律的妇人做的。那律师犯这罪全由于自私自利,那妇人犯这罪全因为他要救他丈夫的性命。但是法律全不问这些区别。请看这两个"罪人"讨论这个问题:

(律师)郝夫人,你好像不知道你犯了什么罪,我老实对你说,我犯的那桩使我一生声名扫地的事,和你所做的事恰恰相同,一毫也不多,一毫也不少。

(娜拉)你!难道你居然也敢冒险去救你妻子的命吗?

(律师)法律不管人的居心如何。

(娜拉)如此说来,这种法律是笨极了。

(律师)不问他笨不笨,你总要受他的裁判。

(娜拉)我不相信。难道法律不许做女儿的想个法子免得

下卷　胡适谈做人

他临死的父亲烦恼吗？难道法律不许做妻子的救他丈夫的命吗？我不大懂得法律，但是我想总该有这种法律承认这些事的。你是一个律师，你难道不知道有这样的法律吗？柯先生，你真是一个不中用的律师了。（《娜拉》一幕）

最可怜的是世上真没有这种入情入理的法律！

第二，宗教　易卜生眼里的宗教久已失了那种可以感化人的能力；久已变成毫无生气的仪节信条，只配口头念得烂熟，却不配使人奋发鼓舞了。《娜拉》戏里说：

（郝尔茂）你难道没有宗教吗？

（娜拉）我不很懂得究竟宗教是什么东西。我只知道我进教时那位牧师告诉我的一些话。他对我说宗教是这个，是那个，是这样，是那样。（三幕）

如今人的宗教，都是如此，你问他信什么教，他就把他的牧师或是他的先生告诉他的话背给你听。他会背耶稣的祈祷文，他会念阿弥陀佛，他会背一部《圣谕广训》。这就是宗教了！

宗教的本意，是为人而作的，正如耶稣说的，"礼拜是为人造的，不是人为礼拜造的"。不料后世的宗教处处与人类的天性相反，处处反乎人情。如《群鬼》戏中的牧师，逼着阿尔文夫人回家去受那荡子丈夫的待遇，去受那十九年极不堪的惨痛。那牧师说，宗教不许人求快乐；求快乐便是受了恶魔的魔力了。他说，宗教不许做妻子的批评他丈夫的行为。他说，宗教教人无论如何总要守妇道，总须尽责任。那牧师口口声声所说是"是"的，阿尔文夫人心中总觉得都是"不是"的。后来阿尔文夫人仔细去研究那牧师的宗教，忽然大悟。原来那些教条都是假的，都是"机器造的！"（《群鬼》二幕）

但是这种机器造的宗教何以居然能这样兴旺呢？原来现在的宗教虽没有精神上的价值，却极有物质上的用场。宗教是可以利用的，是可以使人发财得意的。那《群鬼》戏里的木匠，本是一个极下流的酒鬼，卖妻卖女都肯干的。但是他见了那位道学的牧师，立刻就装出宗教家的样子，说宗教家的话，做宗教家的唱歌祈祷，把这位蠢牧师哄得滴溜溜的转（二幕）。那《罗斯马庄》（今译罗斯莫庄）（Rosmersholm）戏里面的主人公罗斯马本（今译罗斯莫）是一个牧师，后来他的思想改变了，遂不信教了。他那时想加入本地的自由党，不料党中的领袖却不许罗斯马宣告他脱离教会的事。为什么呢？因为他们党里很少信教的人，故想借罗斯马的名誉来号召那些信教的人家。可见宗教的兴旺，并不是因为宗教真有兴旺的价值，不过是因为宗教有可以利用的好处罢了。

第三，道德　法律宗教既没有裁制社会的本领，我们且看"道德"可有这种本事。据易卜生看来，社会上所谓"道德"不过是许多陈腐的旧习惯。合于社会习惯的，便是道德；不合于社会习惯的，便是不道德。正如我们中国的老辈人看见少年男女实行自由结婚，便说是"不道德"。为什么呢？因为这事不合于"父母之命，媒妁之言"的社会习惯。但是这班老辈人自己讨许多小老婆，却以为是很平常的事，没有什么不道德。为什么呢？因为习惯如此。又如中国人死了父母，发出讣书，人人都说"泣血稽颡"，"苫块昏迷"。其实他们何尝泣血？又何尝"寝苫枕块"？这种自欺欺人的事，人人都以为是"道德"，人人都不以为羞耻。为什么呢？因为社会的习惯如此，所以不道德的也觉得道德了。

这种不道德的道德，在社会上，造出一种诈伪不自然的伪君子。面子上都是仁义道德，骨子里都是男盗女娼。易卜生最恨这种人。他有一本戏，叫做《社会的栋梁》（Pillars of Society）。戏中的主人公名叫褒匿（今译博尼克），是一个极坏的伪君子；他犯了一桩奸情，却让他兄弟受这恶名，还要诬赖他兄弟偷了钱跑脱了。不但如此，他还雇了一只烂脱底的船送他兄弟出海，指望把他兄弟和一船的人都沉死在海底，可以灭口。

这样一个大奸，面子上却做得十分道德，社会上都尊敬他，称他做"全市第一个公民"，"公民的模范"，"社会的栋梁"！他谋害他兄弟的那一天，本城的公民，聚了几千人，排起队来，打着旗，奏着军乐，上他的门来表示社会的敬意，高声喊道，"褒匿万岁！社会的栋梁褒匿万岁！"

这就是道德！

四

其次，我们且看易卜生写个人与社会的关系。

易卜生的戏剧中，有一条极显而易见的学说，是说社会与个人互相损害；社会最爱专制，往往用强力摧折个人的个性，压制个人自由独立的精神；等到个人的个性都消灭了，等到自由独立的精神都完了，社会自身也没有生气了，也不会进步了。社会里有许多陈腐的习惯，老朽的思想，极不堪的迷信，个人生在社会中，不能不受这些势力的影响。有时有一两个独立的少年，不甘心受这种陈腐规矩的束缚，于是东冲西突想与社会作对。上文所说的褒匿，当少年时，也曾想和社会反抗。但是社会的权力很大，网罗很密；个人的能力有限，如何是社会的敌手？社会对个人道："你们顺我者生，逆我者死；顺我者有赏，逆我者有罚。"那些和社会反对的少年，一个一个的都受家庭的责备，遭朋友的怨恨，受社会的侮辱驱逐。再看那些奉承社会意旨的人，一个个的都升官发财，安富尊荣了。当此境地，不是顶天立地的好汉，决不能坚持到底。所以像褒匿那般人，做了几时的维新志士，不久也渐渐的受社会同化，仍旧回到旧社会去做"社会的栋梁"了。社会如同一个大火炉，什么金银铜铁锡，进了炉子，都要熔化。易卜生有一本戏叫做《雁》（*The Wild Duck*）写一个人捉到一只雁，把它养在楼上半阁里，每天给它一桶水，让它在水里打滚游戏。那雁本是一个海阔天空逍遥自得的飞鸟，如今在半阁里关久了，也会生活，也会长得胖胖的，后来竟完全忘记了它从前那种海阔天空来去自由的乐处了！个人在社会里，就同这雁在人家半阁上一般，起初未必满意，久而久之，也就惯了，也渐渐的把黑暗世界当作安乐窝了。

社会对于那班服从社会命令，维持陈旧迷信，传播腐败思想的人，一个一个的都有重赏。有的发财了，有的升官了，有的享大名誉了。这些人有了钱，有了势，有了名誉，就像老虎长了翅膀，更可横行无忌了，更可借着"公益"的名义去骗人钱财，害人生命，做种种无法无天的行为。易卜生的《社会的栋梁》和《博克曼》（*John Gabriel Borkman*）两本戏的主人公者都是这种人物。他们钱赚得够了，然后掏出几个小钱来，开一个学堂，造一所孤儿院，立一个公共游戏场，"捐二十镑金去买面包给贫人吃"（用《社会的栋梁》二幕中语）。于是社会格外恭维他们，打着旗子，奏着军乐，上他们家来，大喊"社会的栋梁万岁"！

　　那些不懂事又不安本分的理想家，处处和社会的风俗习惯反对，是该受重罚的。执行这种重罚的机关，便是"舆论"，便是大多数的"公论"。世间有一种最通行的迷信，叫做"服从多数的迷信"。人都以为多数人的公论总是不错的。易卜生绝对的不承认这种迷信。他说"多数党总在错的一边，少数党总在不错的一边"（《国民公敌》五幕）。一切维新革命，都是少数人发起的，都是大多数人所极力反对的。大多数人总是守旧麻木不仁的；只有极少数人，有时只有一个人，不满意于社会的现状，要想维新，要想革命。这种理想家是社会所最忌的。大多数人都骂他是"捣乱分子"，都恨他"扰乱治安"，都说他"大逆不道"；所以他们用大多数的专制威权去压制那"捣乱"的理想志士，不许他开口，不许他行动自由；把他关在监牢里，把他赶出境去，把他杀了，把他钉在十字架上活活的钉死，把他捆在柴草上活活的烧死。过了几十年几百年，那少数人的主张渐渐的变成多数人的主张了，于是社会的多数人又把他们从前杀死钉死烧死的那些"捣乱分子"一个一个的重新推崇起来，替他们修墓，替他们作传，替他们立庙，替他们铸铜像。却不知道从前那种"新"思想，到了这时候，又早已成了"陈腐的"迷信！当他们替从前那些特立独行的人修墓铸铜像的时候，社会里早已发生了几个新派少数人，又要受他们杀死钉死烧死的刑罚了！所以说"多数党总是错的，少数党总是不错的"。

　　易卜生有一本戏叫做《国民公敌》，里面写的就是这个道理。这本戏的主人公斯铎曼医生从前发现本地的水可以造成几处卫生浴池。本地的人听了他的话，觉得有利可图，便集了资本造了几处卫生浴池。后来四方的人闻了这浴池的名，纷纷来这里避暑养病。来的人多了，本地的商业市面便渐渐发达兴旺。斯铎曼医生便做了浴池的官医。后来洗浴的人之中，忽然发生一种流行病症；经这位医生仔细考察，知道这病症是从浴池的水里来的，他便装了一瓶水寄与大学的化学师请他化验。化验出来，才知道浴池的水管安的太低了，上流的污秽，停积在浴池里，发生一种传染病的微生物，极有害于公众卫生。斯铎曼医生得了这种科学证据，便做了一篇切切实实的报告书，请浴池的董事会把浴池的水管重行改造，以免妨碍卫生。不料改造浴池须要花费许多钱，又要把浴池闭歇一两年；浴池一闭歇，本地的商务便要受许多损失。所以本地的人全体用死力反对斯铎曼医生的提议。他们宁可听那些来避暑养病的人受毒病死，却不情愿受这种金钱的损失，所以他们用大多数的专制威权压制这位说老实话的医生，不许他开口。他做了报告，本地的报馆都不肯登载。他要自己印刷，印刷局也不肯替他印。他要开会演说，全城的人都不把空屋借他做会场。后来好容易找到了一所会场，开了一个公民会议，会场上的人不但不听他的老实话，还把他赶下台去，由全体一致表决，宣告斯铎曼医生从此是国民的公敌。他逃出会场，把裤子都撕破了，还被众人赶到他家，用石头掷他，把窗户都打碎了。到了明天，本地政府革了他的官医；本地商民发了传单不许人请他看病；他的房东请他赶快搬出屋去；他的女儿在学堂教书，也被校长辞退了。这就是"特立独行"的好结果！这就是大多数惩罚少数"捣乱分子"的辣手段！

五

其次，我们且说易卜生的政治主义。易卜生的戏剧不大讨论政治问题，所以我们须要用他的《尺牍》（*Letters*, ed. by his son, Sigurd Ibsen, English Trans. 1905）做参考的材料。

易卜生起初完全是一个主张无政府主义的人。当普法之战（1870至1871年）时，他的无政府主义最为激烈。1871年，他有信与一个朋友道：

……个人绝无做国民的需要。不但如此，国家简直是个人的大害。请看普鲁士的国力，不是牺牲了个人的个性去买来的吗？国民都成了酒馆里跑堂的了，自然个个是好兵了。再看犹太民族：岂不是最高贵的人类吗？无论受了何种野蛮的待遇，那犹太民族还能保存本来的面目。这都因为他们没有国家的原故。国家总得毁去。这种毁除国家的革命，我也情愿加入。毁去国家观念，单靠个人的情愿和精神上的团结做人类社会的基本，——若能做到这步田地，这可算得有价值的自由起点。那些国体的变迁，换来换去，都不过是弄把戏，——都不过是全无道理的胡闹。（《尺牍》第七九）

易卜生的纯粹无政府主义，后来渐渐的改变了。他亲自看见巴黎"市民政府"（Commune）的完全失败（1871年），便把他主张无政府主义的热心减了许多（《尺牍》第八一）。到了1884年，他写信给他的朋友说，他在本国若有机会，定要把国中无权的人民联合成一个大政党，主张极力推广选举权，提高妇女的地位，改良国家教育，要使脱除一切中古陋习（《尺牍》第一七八）。这就不是无政府的口气了。但是他自己到底不曾加入政党。他以为加入政党是很下流的事（《尺牍》第一五八）。他最恨那班政客，他以为"那班政客所力争的，全是表面上的权利，全是胡闹。最要紧的是人心的大革命"（《尺牍》第七七）。

易卜生从来不主张狭义的国家主义，从来不是狭义的爱国者。1888年，他写信给一个朋友说道：

知识思想略为发达的人，对于旧式的国家观念，总不满意。我们不能以为有了我们所属的政治团体便足够了。据我看来，国家观念不久就要消灭了，将来定有人种观念起来代它。即以我个人而论，我已经过这种变化。我起初觉得我是那威国人，

后来变成斯堪丁纳维亚人（那威与瑞典总名斯堪丁纳维亚），我现在已成了条顿人了。（《尺牍》第二〇六）

这是1888年的话。我想易卜生晚年临死的时候（1906年），一定已进到世界主义的地步了。

六

我开篇便说过易卜生的人生观只是一个写实主义。易卜生把家庭、社会的实在情形都写了出来，叫人看了动心，叫人看了觉得我们的家庭社会原来是如此黑暗腐败，叫人看了晓得家庭社会真正不得不维新革命：——这就是"易卜生主义"。表面上看去，像是破坏的，其实完全是建设的。譬如医生诊了病，开的一个脉案，把病状详细写出，这难道是消极的破坏的手续吗？但是易卜生虽开了许多脉案，却不肯轻易开药方。他知道人类社会是极复杂的组织，有种种绝不相同的境地，有种种绝不相同的情形。社会的病，种类纷繁，决不是什么"包医百病"的药方所能治得好的。因此他只好开个脉案，说出病情，让病人各人自己去寻医病的药方。

虽然如此，但是易卜生生平却也有一种完全积极的主张。他主张个人须要充分发达自己的天才性；须要充分发展自己的个性。他有一封信给他的朋友白兰戴说道：

> 我所最期望于你的是一种真益（实）纯粹的为我（你）主义。要使你有时觉得天下只有关于我的事最要紧，其余的都算不得什么。……你要想有益于社会，最好的法子莫如把你自己这块材料铸造成器。……有的时候我真觉得全世界都像海上撞沉了船，最要紧的还是救出自己。（《尺牍》第八四）

最可笑的是有些人明知世界"陆沉"，却要跟着"陆沉"，跟着堕落，不肯"救出自己"！却不知道社会是个人组成的，多救出一个人便是多备下一个再造新社会的分子。所以孟轲说"穷则独善其身"，这便是易卜生所说"救出自己"的意思。这种"为我主义"，其实是最有价值的利人主义。所以易卜生说,"你要想有益于社会,最好的法子莫如把你自己这块材料铸造成器"。《娜拉》戏里,写娜拉抛了丈夫儿女飘然而去,也只为要"救出自己"。那戏中说:

(郝尔茂)……你就是这样抛弃你的最神圣的责任吗?

(娜拉)你以为我的最神圣的责任是什么?

(郝)还等我说吗?可不是你对于你的丈夫和你的儿女的责任吗?

(娜)我还有别的责任同这些一样的神圣。

(郝)没有的。你且说,那些责任是什么。

(娜)是我对于我自己的责任。

(郝)最要紧的,你是一个妻子,又是一个母亲。

(娜)这种话我现在不相信了。我相信第一我是一个人正同你一样。——无论如何,我务必努力做一个人。(三幕)

1882年,易卜生有信给朋友道:

这样生活,须使各人自己充分发展;——这是人类功业顶高的一层;这是我们大家都应该做的事。(《尺牍》第一六四)

社会最大的罪恶莫过于摧折个人的个性,不使他自由发展。那本《雁》戏所写的只是一件摧残个人才性的惨剧。那戏写一个人少年时本极有高尚的志气,后来被一个恶人害得破家荡产,不能度日;那恶人又把他自己通奸有孕的下等女子配给他做妻子,从此家累日重一日,他的志气便日低一日。到了后来,他堕落深了,竟变成了一个懒人懦夫,天天受那下贱妇人和两个无赖的恭维,他洋洋得意的觉得这种生活很可以终身的。所以那本戏借一个雁做比喻:那雁在半阁上关得久了,他从前那种高飞远举的志气全消灭了。居然把人家的半阁做他的极乐国了!

发展个人的个性,须要有两个条件。第一,须使个人有自由意志。第二,须使个人担干系,负责任。《娜拉》戏中写郝尔茂的最大错处只在他把娜拉当作"玩意儿"看待,既不许他有自由意志,又不许他担负家庭的责任，所以娜拉竟没有发展他自己个性的机会。所以娜拉一旦觉悟时，恨极他的丈夫，决意弃家远去，也正为这个原故。易卜生又有一本戏，叫做《海上夫人》（The Lady From The Sea），里面写一个女子哀梨妲（今译艾丽达）少年时嫁给人家做后母，他丈夫和前妻的两个女儿看他年纪轻，不让他管家务，只叫他过安闲日子。哀梨妲在家觉得做这种不自由的妻子，不负责任的后母，是极没趣的事。因此他天天想跟人到海外去过那海阔天空的生活。他丈夫越不许他自由，他偏越想自由。后来他丈夫知道留他不住，只得许他自由出去。他丈夫说道：

（丈夫）……我现在立刻和你毁约，现在你可以有完全自由拣定你自己的路子。……现在你可以自己决定，你有完全的自由，你自己担干系。

（哀梨妲）完全自由！还要自己担干系！还担干系咧！有这么一来，样样事都不同了。

哀梨妲有了自由又自己负责任了，忽然大变了，也不想那海上的生活了，决意不跟人走了（《海上夫人》第五幕）。这是为什么呢？因为世间只有奴隶的生活是不能自由选择的，是不用担干系的。个人若没有自由权，又不负责任，便和做奴隶一样，所以无论怎样好玩，无论怎样高兴，到底没有真正乐趣，到底不能发展个人的人格。所以哀梨妲说，有了完全自由，还要自己担干系，有这么一来，样样事都不同了。

家庭是如此，社会国家也是如此。自治的社会，共和的国家，只是要个人有自由选择之权，还要个人对于自己所行所为都负责任。若不如此，决不能造出自己独立的人格。社会国家没有自由独立的人格如同酒里少了酒曲，面包里少了酵，人身上少了脑筋：那种社会国家决没有改良进步的希望。

所以易卜生的一生目的只是要社会极力容忍，极力鼓励斯铎曼医生一流的人物（斯铎曼事见上文四节）；要想社会上生出无数永不知足，永不满意，敢说老实话攻击社会腐败情形的"国民公敌"；要想社会上有许多人都能像斯铎曼医生那样宣言道:"世上最强有力的人就是那个最孤立的人!"

　　社会国家是时刻变迁的,所以不能指定那一种方法是救世的良药:十年前用补药,十年后或者须用泄药了;十年前用凉药,十年后或者须用热药了。况且各地的社会国家都不相同,适用于日本的药,未必完全适用于中国;适用于德国的药,未必适用于美国。只有康有为那种"圣人",还想用他们的"戊戌政策"来救戊午的中国;只有辜鸿铭那班怪物,还想用二千年前的"尊王大义"来施行于二十世纪的中国。易卜生是聪明人,他知道世上没有"包医百病"的仙方,也没有"施诸四海而皆准,推之百世而不悖"的真理。因此他对于社会的种种罪恶污秽,只开脉案,只说病状,却不肯下药。但他虽不肯下药,却到处告诉我们一个保卫社会健康的卫生良法。他仿佛说道:"人的身体全靠血里面有无量数的白血轮时时刻刻与人身的病菌开战,把一切病菌扑灭干净,方才可使身体健全,精神充足。社会国家的健康也全靠社会中有许多永不知足,永不满意,时刻与罪恶分子龌龊分子宣战的白血轮,方才有改良进步的希望。我们若要保卫社会的健康,须要使社会里时时刻刻有斯铎曼医生一般的白血轮分子。但使社会常有这种白血轮精神,社会决没有不改良进步的道理。"1883年,易卜生写信给朋友道:

　　　　十年之后,社会的多数人大概也会到了斯铎曼医生开公民大会时的见地了。

　　　　但是这十年之中,斯铎曼自己也刻刻向前进;所以到了十年之后,他的见地仍旧比社会的多数人还高十年。即以我个人而论,我觉得时时刻刻总有进境。我从前每作一本戏时的主张,如今都已渐渐变成了多数人的主张。但是等到他们赶到那里时,我久已不在那里了。我又到别处去了。我希望我总是向前去了。

　　　　（《尺牍》第一七二）

下卷　胡适谈做人

美国的妇人

　　去年冬季，我的朋友陶孟和先生请我吃晚饭。席上的远客，是一位美国女子，代表几家报馆，去到俄国做特别调查员的。同席的是一对英国夫妇，和两对中国夫妇，我在这个"中西男女合璧"的席上，心中发生一个比较的观察。那两位中国妇人和那位英国妇人，比了那位美国女士，学问上，智识上，不见得有什么大区别。但我总觉得那位美国女子和他们绝不相同。我便问我自己道，他和他们不相同之处在那一点呢？依我看来，这个不同之点，在于他们的"人生观"有根本的差别。那三位夫人的"人生观"是一种"良妻贤母"的人生观。这位美国女子的，是一种"超于良妻贤母"的人生观。我在席上，估量这位女子，大概不过三十岁上下，却带着一种苍老的状态，倔强的精神。他的一言一动，似乎都表示这种"超于良妻贤母的人生观"；似乎都会说道："做一个良妻贤母，何尝不好？但我是堂堂的一个人，有许多该尽的责任，有许多可做的事业。何必定须做人家的良妻贤母，才算尽我的天职，才算做我的事业呢？"这就是"超于良妻贤母"的人生观。我看这一个女子单身走几万里的路，不怕辛苦，不怕危险，要想到大乱的俄国去调查俄国革命后内乱的实在情形：——这种精神，便是那"超于良妻贤母"的人生观的一种表示；便是美国妇女精神的一种代表。

胡适谈读书与做人

这种"超于良妻贤母的人生观",换言之,便是"自立"的观念。我并不说美国的妇人个个都不屑做良妻贤母;也并不说他们个个都想去俄国调查革命情形。我但说,依我所观察,美国的妇女,无论在何等境遇,无论做何等事业,无论已嫁未嫁,大概都存一个"自立"的心。别国的妇女大概以"良妻贤母"为目的,美国的妇女大概以"自立"为目的。"自立"的意义,只是要发展个人的才性,可以不倚赖别人,自己能独立生活,自己能替社会作事。中国古代传下来的心理,以为"妇人主中馈";"男子治外,女子主内";妇人称丈夫为"外子",丈夫称妻子为"内助"。这种区别,是现代美国妇女所绝对不承认的。他们以为男女同是"人类",都该努力做一个自由独立的"人",没有什么内外的区别的。我的母校康南耳(今译康奈尔)大学,几年前新添森林学一科,便有一个女子要求学习此科。这一科是要有实地测量的,所以到了暑假期内,有六星期的野外测量,白天上山测量,晚间睡在帐篷里,是很苦的事。这位女子也跟着去做,毫不退缩,后来居然毕业了。这是一个例。列位去年看报定知有一位美国史天孙女士在中国试演飞行机。去年在美国有一个男子飞行家,名叫Carlstrom,从Chicago(芝加哥)飞起。飞了四百五十二英里(约730千米),不曾中止,当时称为第一个远道飞行家。不到十几天,有一个女子,名叫Ruth Law,偏不服气,便驾了他自己的飞行机,一气飞了六百六十八英里(约1075千米),便胜过那个男飞行家的成绩了。这又是一个例。我举这两个例,以表美国妇女不认男外女内的区别。男女同有在社会上谋自由独立的生活的天职。这便是美国妇女的一种特别精神。

这种精神的养成,全靠教育。美国的公立小学全是"男女共同教育"。每年约有八百万男孩子和八百万女孩子受这种共同教育,所发生的效果,有许多好处。女子因为常同男子在一起做事,自然脱去许多柔弱的习惯。男子因为常与女子在一堂,自然也脱去许多野蛮无礼的行为(如秽口骂人之类)。最大的好处,在于养成青年男女自治的能力。中国的习惯，男女隔绝太甚了，所以偶然男女相见，没有鉴别的眼光，没有自治的能力，最容易陷入烦恼的境地，最容易发生不道德的行为。美国的少年男女，从小受同等的教育（有几种学科稍不同），同在一个课堂读书，同在一个操场打球，有时同来同去，所以男女之间，只觉得都是同学，都是朋友，都是"人"：所以渐渐地把男女的界限都消灭了，把男女的形迹也都忘记了。这种"忘形"的男女交际，是增进青年男女自治能力的惟一方法。

以上所说是小学教育。美国的高级教育，起初只限于男子。到了十九世纪中叶以后，女子的高级教育才渐渐发达。女子高级教育可分两种：一是女子大学，一是男女共同的大学。单收女子的高级学校如今也还不少。最著名的，如：

（1）Vassar College（瓦萨学院）在Poughkeepsie，N.Y.（纽约州波基普西市）有一千二百人。

（2）Wellesley College（卫斯理学院）在Wellesley，Mass.（马萨诸塞州卫斯理镇）有一千五百人。

（3）Bryn Mawr College（布林茅尔学院）在Bryn Mawr，Pa.（宾夕法尼亚州布林茅尔）有五百人。

（4）Smith College（史密斯学院）在Northampton，Mass.（马萨诸塞州北安普顿）有二千人。

（5）Badcliffe College（拉德克利夫学院）在Cambridge，Mass.（马萨诸塞州剑桥市）有七百人。

（6）Barnard College（巴纳德学院）在纽约，有八百人。

这种专收女子的大学，起初多用女子教授，现今也有许多男教授了。这种女子大学，往往有极幽雅的校址，极美丽的校舍，极完全的设备。去年有一位中国女学生，陈衡哲女士，做了一篇小说，名叫《一日》，写Vassar College的生活，极有趣味。这篇小说登在去年的《留美学生季报》第二号。诸位若要知道美国女子大学的内部生活，不可不读他。

第二种便是男女共同的大学。美国各邦的"邦立大学",都是男女同校的。那些有名的私立大学,如Cornell(康奈尔大学)、Chicago(芝加哥大学)、Leland Stanford(斯坦福大学),也都是男女同校。有几个守旧的大学,如Yale(耶鲁大学)、Columbia(哥伦比亚大学)、Johns Hopkins(霍普金斯大学),本科不收女子,却许女子进他们的大学院(即毕业院)。这种男女共校的大学生活,有许多好处。第一,这种大学的学科比那些女子大学,种类自然更丰富了,因此可以扩张女子高级教育的范围。第二,可使成年的男女,有正当的交际,共同的生活,养成自治的能力和待人处世的经验。第三,男学生有了相当的女朋友,可以增进个人的道德,可以减少许多不名誉的行为。第四,在男女同班的学科,平均看来,女子的成绩总在男子之上:——这种比较的观察,一方面可以消除男子轻视女子的心理;一方面可以增长女子自重的观念,更可以消灭女子仰望男子和依顺男子的心理。

据1915年的调查,美国的女子高级教育,约如下表:

大学本科	男 141836 人	女 79763 人
大学院	男 10571 人	女 5098 人
专门职业科(如路矿牙医)	男 38128 人	女 1775 人

初看这表,似乎男女还不能平等。我们要知道女子高级教育是最近七八十年才发生的,七八十年内做到如此地步,可算得非常神速了。中美和西美有许多大学中,女子人数或和男子相等(如Wisconsin),或竟比男子还多(如Northwestern),可见将来未必不能做到高等男女教育完全平等的地位。

美国的妇女教育既然如此发达,妇女的职业自然也发达了。"职业"二字,在这里单指得酬报的工作。母亲替儿子缝补衣裳,妻子替丈夫备饭,都不算"职业"。美国妇女的职业,可用下表表示:

1900 年统计	男 23754000 人
	女 5319000 人，居全数百分之十八
1910 年统计	男 30091564 人
	女 8075772 人，居全数百分之二十一

这些职业之中，那些下等的职业，如下女之类，大概都是黑人或新入境的欧洲侨民。土生的妇女所做的职业，大抵皆系稍上等的。教育一业，妇女最多。今举1915年的报告如下：

小学校	男教员 114851 人	女教员 465207 人
中学私立	男教员 5776 人	女教员 8250 人
中学公立	男教员 26950 人	女教员 35569 人
师范私立	男教员 167 人	女教员 249 人
师范公立	男教员 1573 人	女教员 2916 人
大学及专门学校	男教员 26636 人	女教员 5931 人

照上表看来，美国全国四分之三的教员都是妇女！即此一端，便可见美国妇女在社会上的势力了。

据1910年的统计，美国共有四千四百万妇女。这八百万有职业的妇人，还不到全数的五分之一。那些其余的妇女，虽然不出去做独立的生活，却并不是坐吃分利的，也并不是没有左右社会的势力的。我在美国住了七年，觉得美国没有一桩大事发生，中间没有妇女的势力的；没有一种有价值的运动，中间没有无数热心妇女出钱出力维持进行的。最大的运动，如"禁酒运动""妇女选举权运动""反对幼童作苦工运动"……几乎全靠妇女的功劳，才有今日那么发达。此外如宗教的事业，慈善的事业，文学的事业，美术音乐的事业……最热心提倡赞助的人都是妇女占最大多数。

美国妇女的政治活动，并不限于女子选举一个问题。有许多妇女极反对妇女选举权的，却极热心去帮助"禁酒"及"反对幼童苦工"种种运动。1912年大选举时，共和党分裂，罗斯福自组一个进步党。那时有许多妇女，都极力帮助这新政党鼓吹运动，所以进步党成立的第一年，就能把那成立六十年的共和党打得一败涂地。前年（1916年）大选举时，从前帮助罗斯福的那些妇女之中，如Jane Addams（简·亚当斯，20世纪初美国社会学家）之流，因为怨恨罗斯福破坏进步党，故又都转过来帮助威尔逊。威尔逊这一次的大胜，虽有许多原因，但他得妇女的势力也就不少。最可怪的是这一次选举时，威尔逊对于女子选举权的主张，很使美国妇女失望。然而那些明达的妇女却不因此便起反对威尔逊的心。这便可见他们政治知识的程度了。

美国妇女所做最重要的公众活动，大概属于社会改良的一方面居多。现在美国实行社会改良的事业，最重要的要算"贫民区域居留地"（Social Settlements）。这种运动的大旨，要在下等社会的区域内，设立模范的居宅，兴办演说，游戏，音乐，补习课程，医药，看护等事，要使那些下等贫民有些榜样的生活，有用的知识，正当的娱乐。这些"居留地"的运动起于英国，现在美国的各地都有这种"居留地"。提倡和办理的人，大概都是大学毕业的男女学生。其中妇女更多，更热心。美国有两处这样的"居留地"，是天下闻名的。一处在Chicago，名叫Hull House（霍尔馆），创办的人就是上文所说的Jane Addams。这位女士办这"居留地"，办了三十多年，也不知道造就了几多贫民子女，救济了几多下等贫家。前几年有一个《独立周报》，发起一种选举，请读那报的人投票公举美国十大伟人。选出的十大伟人之中，有一个便是这位Jane Addams女士。这也可想见那位女士的声价了。还有那一处"居留地"，在纽约省，名叫Henry Street Settlement（亨利街社区中心），是一位Lilian Wald女士（华德女士）办的。这所"居留地"初起的宗旨，在于派出许多看护妇，亲到那些极贫苦的下等人家，做那些不要钱的看病，施药，接生等事。后来范围渐渐扩充，如今这"居留地"里面，有学堂，有会场，有小戏园，有游戏场。那条亨利街本是极下等的贫民区域,自从有了这所"居留地",真像地狱里有了一座天堂了。以上所说两所"居留地",不过是两个最著名的榜样,略可表见美国妇女所做改良社会的实行事业。我在美国常看见有许多富家的女子,抛弃了种种贵妇人的快活生涯,到那些"居留地"去居住。那种精神,不由人不赞叹崇拜。

以上所说各种活动中的美国妇女,固然也有许多是沽名钓誉的人,但是其中大多数妇女的目的只是上文所说"自立"两个字。他们的意思,似乎可分三层。第一,他们以为难道妇女便不配做这种有用的事业吗?第二,他们以为正因他们是妇女,所以最该做这种需要细心耐性的事业。第三,他们以为做这种实心实力的好事,是抬高女子地位声望的唯一妙法:即如上文所举那位:Jane Addams,做了三十年的社会事业,便被国人公认为十大伟人之一;这种荣誉岂是沈佩贞一流人那种举动所能得到的吗?所以我们可说美国妇女的社会事业不但可以表示个人的"自立"精神,并且可以表示美国女界扩张女权的实行方法。

以上所说,不过略举几项美国妇女家庭以外的活动。如今且说她们家庭以内的生活。

美国男女结婚,都由男女自己择配。但在一定年限以下,若无父母的允许,婚约即无法律的效力。今将美国四十八邦法律所规定不须父母允许之结婚年限如下:

男子可自由结婚年限	女子可自由结婚年限
三十九邦规定:二十一岁	三十四邦规定:十八岁
五邦规定:十八岁	八邦规定:二十一岁
一邦规定:十四岁	二邦规定:十六岁
三邦无法定的年限	一邦规定:十二岁
	三邦无法定的年限

自由结婚第一重要的条件,在于男女都须要有点处世的阅历,选择的眼光,方才可以不至受人欺骗,或受感情的欺骗,以致陷入痛苦的境遇,种下终身的悔恨。所以须要有法律规定的年限,以保护少年的男女。

据1910年的统计,有下列的现象(此表单指白种人而言):

已婚的男子有 16196452 人	已婚的女子有 15791087 人
未婚的男子有 11291985 人	未婚的女子有 8070918 人
离婚的男子有 138832 人	离婚的女子有 151116 人

这表中,有两件事须要说明。第一是不婚不嫁的男女何以这样多?第二是离婚的夫妻何以这样多?

第一,不婚不嫁的原因约有几种:

(1)生计一方面,美国男子非到了可以养家的地位,决不肯娶妻。但是个人谋生还不难;要筹一家的衣食,要预备儿女的教育,便不容易了。因此有家室的便少了。

(2)知识一方面,女子的程度高了,往往瞧不起平常的男子;若要寻恰好相当的智识上的伴侣,却又"可遇而不可求"。所以有许多女子往往宁可终身不嫁,不情愿嫁平常的丈夫。

(3)从男子一方面设想,他觉得那些知识程度太高的女子,只配在大学里当教授,未必很配在家庭里做夫人;所以有许多人决意不敢娶那些"博士派"(Ph. D. Type)的女子做妻子。这虽是男子的谬见,却也是女子不嫁一种小原因。

(4)美国不嫁的女子,在社会上,在家庭中,并没有什么不便,也不致损失什么权利。他一样的享受财产权,一样的在社会上往来,一样的替社会尽力。他既不怕人家笑他白头"老处女"(Old maiduens),也不用虑着死后无人祭祀!

(5)美国的女子,平均看来,大概不大喜欢做当家生活。她并不是不会做:我所见许多已嫁的女子,都是很会当家的。有一位心理学大家

Hugo Muensterberg（雨果·芒斯特伯）说得好："受过大学教育的美国女子，管理家务何尝不周到，但她总觉得宁可到病院里去看护病人！"

（6）最重要的原因，还是我上文所说那种"自立"的精神，那种"超于良妻贤母"的人生观。有许多女子，早已选定一种终身的事业，或是著作，或是"贫民区域居留地"，或是学音乐，或是学画，都可用全副精神全副才力去做。若要嫁了丈夫，便不能继续去做了；若要生下儿女，更没有作这种"终身事业"的希望了。所以这些女子，宁可做白头的老处女，不情愿抛弃她们的"终身事业"。

以上六种都是不婚不嫁的原因。

第二，离婚的原因。我们常听见人说美国离婚的案怎样多，便推想到美国的风俗怎样不好。其实错了。第一，美国的离婚人数，约当男人全数千分之三，女子全数千分之四。这并不算过多。第二，须知离婚有几等几样的离婚，不可一笔抹煞。如中国近年的新进官僚，休了无过犯的妻子，好去娶国务总理的女儿：这种离婚，是该骂的。又如近来的留学生，吸了一点文明空气，回国后第一件事便是离婚，却不想想自己的文明空气是机会送来的，是多少金钱买来的；他的妻子要是有了这种好机会，也会吸点文明空气，不至于受他的奚落了！这种不近人情的离婚，也是该骂的。美国的离婚，虽然也有些该骂的，但大多数都有可以原谅的理由。因为美国的结婚，总算是自由结婚；而自由结婚的根本观念就是要夫妇相敬相爱，先有精神上的契合，然后可以有形体上的结婚。不料结婚之后，方才发现从前的错误，方才知道他两人决不能有精神上的爱情。既不能有精神上的爱情，若还依旧同居，不但违背自由结婚的原理，并且必至于堕落各人的人格，决没有良好的结果，更没有家庭幸福可说了。所以离婚案之多，未必全由于风俗的败坏，也未必不由于个人人格的尊贵。我们观风问俗的人，不可把我们的眼光，胡乱批评别国礼俗。

我所闻所见的美国女子之中，很有许多不嫁的女子。那些鼎鼎大名的 Jane Addams, Lilian Wald 一流人，自不用说了。有的终身做老处女，在家

胡适谈读书与做人

享受安闲自由的清福。有的终身做教育事业，觉得个个男女小学生都是他的儿女一般，比那小小的家庭好得多了。如今单举一个女朋友作例。这位女士是一个有名的大学教授的女儿，学问很好，到了二十几岁上，忽然把头发都剪短了，把从前许多的华丽衣裙都不要了。从此以后，他只穿极朴素的衣裳，披着一头短发，离了家乡，去到纽约专学美术。他的母亲是很守旧的，劝了他几年，终劝不回头。他抛弃了世家的家庭清福，专心研究一种新画法；又不肯多用家中的钱，所以每日自己备餐，自己扫地。他那种新画法，研究了多少年，起初很少人赏识，前年他的新画在一处展览，居然有人出重价买去。将来他那种画法，或者竟能自成一家也未可知。但是无论如何，他这种人格，真可算得"自立"两个字的具体的榜样了。

这是说不嫁的女子。如今且说几种已嫁的妇女的家庭。

第一种是同具高等学问，相敬相爱，极圆满的家庭。如大哲学家John Deway（约翰·杜威）的夫人，帮助他丈夫办一个"实验学校"，把他丈夫的教育学说实地试验了十年，后来他们的大女儿也研究教育学，替他父亲去考察各地的新教育运动。又如生物学家Comstock（康斯托克）的夫人，也是生物学名家，夫妇同在大学教授，各人著的书都极有价值。又如经济学家Alvin Johnson（艾尔文·约翰逊）的夫人，是一个哲学家，专门研究Aristotle（亚里士多德）的学说很有成绩。这种学问平等的夫妇，圆满的家庭，便在美国也就不可多得了。

第二种是平常中等人家，夫妻同艰苦，同安乐的家庭。我在Ithaca（纽约州伊萨卡镇）时，有一天晚上在一位大学教授家吃晚饭。我先向主人主妇说明，我因有一处演说，所以饭后怕不能多坐。主人问我演什么题目，我说是"中国的婚姻制度"。主人说，"今晚没有他客，你何不就在这里先试演一次？"我便取出演说稿，挑出几段，读给他们听。内中有一节讲中国夫妻，结婚之前，虽然没有爱情，但是成了夫妇之后，有了共同的生活，有福同享，有难同当，这种同艰苦的生活也未尝不可发生一种浓厚的爱情。我说到这里，看见主人抬起头来望着主妇，两人似乎都很为感动。后来他们告诉我说，他们都是苦学生出身，结婚以来虽无子女，却同受了许多艰苦。近来境况稍宽裕了，正在建筑一所精致的小屋，他丈夫是建筑工程科教授，自己打图样，他夫人天天去监督工程。这种共同生活，可使夫妇爱情格外浓厚，家庭幸福格外圆满。

又一次，我在一个人家过年。这家夫妇两人，也没有儿女，却极相敬爱，同尝艰苦。那丈夫是一位化学技师，因他夫人自己洗衣服，便想出心思替他造了一个洗衣机器。他夫人指着对我说，"这便是我的丈夫今年送我的圣诞节礼了"。这位夫人身体很高，在厨房做事，不很方便，因此他丈夫便自己动手把厨房里的桌脚添高了一尺。这种琐屑小事，可以想见那种同安乐，同艰苦的家庭生活了。

第三种是夫妇各有特别性质，各有特别生活，却又都能相安相得的家庭。我且举一个例。有一个朋友，在纽约一家洋海转运公司内做经理，天天上公司去办事。他的夫人是一个"社交妇人"（Society Woman），善于应酬，懂得几国的文学，又研究美术音乐。每月他开一两次茶会，到的人，有文学家，也有画师，也有音乐家，也有新闻记者，也有很奢华的"社交妇人"，也有衣饰古怪，披着头发的"新妇女"（The New Women）。这位主妇四面招呼，面面都到。来的人从不得见男主人，男主人也从来不与闻这种集会。但他们夫妇却极相投相爱，决不因此生何等间隔。这是一种"和而不同"的家庭。

第四种是"新妇女"的家庭。"新妇女"是一个新名词，所指的是一种新派的妇女，言论非常激烈，行为往往趋于极端，不信宗教，不依礼法，却又思想极高，道德极高。内中固然也有许多假装的"新妇女"，口不应心，所行与所说大相反悖的。但内中实在有些极有思想，极有道德的妇女。我在Ithaca时，有一位男同学，学的是城市风景工程，却极喜欢研究文学，做得极好的诗文。后来我到纽约不上一个月，忽然收到一个女子来信，自言是我这位同学的妻子，因为平日听他丈夫说起我，故很想见我。我自然去见他，谈起来，才知道他是一个"新妇人"，学问思想，都极高尚。他丈夫那时还在Cornell大学的大学院研究高等学问。这位女子在Columbia大学做一个打字的书记,自己谋生,每星期五六夜去学高等音乐。他们夫妇隔开二百多英里,每月会见一次,他丈夫继续学他的风景工程,他夫人继续学她的音乐。他们每日写一封信,虽不相见,却真和朝夕相见一样。这种家庭,几乎没有"家庭"可说;但我和他们做了几年的朋友,觉得他们那种生活,最足代表我所说的"自立"的精神。他们虽结了婚,成了夫妇,却依旧做他们的"自立"生活。这种人在美国虽属少数,但很可表示美国妇女最近的一种趋向了。

结论

以上所说"美国的妇女",不过随我个人见闻所及,略举几端,既没有"逻辑"的次序,又不能详尽。听者读者,心中必定以为我讲"美国的妇女",单举他们的好处,不提起他们的弱点,未免太偏了。这种批评,我极承认。但我平日的主张,以为我们观风问俗的人,第一个大目的,在于懂得人家的好处。我们所该学的,也只是人家的长处。我们今日还不配批评人家的短处。不如单注意观察人家的长处在什么地方。那些外国传教的人,回到他们本国去捐钱,到处演说我们中国怎样的野蛮不开化。他们钱虽捐到了,却养成一种贱视中国人的心理。这是我所最痛恨的。我因为痛恨这种单摘人家短处的教士,所以我在美国演说中国文化,也只提出我们的长处;如今我在中国演说美国文化,也只注重他们的特别长处。

如今所讲美国妇女特别精神,只在他们的自立心,只在他们那种"超于良妻贤母人生观"。这种观念是我们中国妇女所最缺乏的观念。我们中国的姊妹们若能把这种"自立"的精神来补助我们的"倚赖"性质,若能把那种"超于良妻贤母人生观"来补助我们的"良妻贤母"观念,定可使中国女界有一点"新鲜空气",定可使中国产出一些真能"自立"的女子。这种"自立"的精神,带有一种传染的性质。女子"自立"的精神,格外带有传染的性质。将来这种"自立"的风气,像那传染鼠疫的微生物一般，越传越远，渐渐的造成无数"自立"的男女，人人都觉得自己是堂堂地一个"人"，有该尽的义务，有可做的事业。有了这些"自立"的男女，自然产生良善的社会。良善的社会决不是如今这些互相倚赖，不能"自立"的男女所能造成的。所以我所说那种"自立"精神，初看去，似乎完全是极端的个人主义，其实是善良社会绝不可少的条件。这就是我提出这个问题的微意了。

"我的儿子"

一、汪长禄先生来信

　　昨天上午我同太虚和尚访问先生，谈起许多佛教历史和宗派的话，耽搁了一点多钟的工夫，几乎超过先生平日见客时间的规则五倍以上，实在抱歉的很。后来我和太虚匆匆出门，各自分途去了。晚边回寓，我在桌子上偶然翻到最近《每周评论》的文艺那一栏，上面题目是《我的儿子》四个字，下面署了一个"适"字，大约是先生做的。这种议论我从前在《新潮》《新青年》各报上面已经领教多次，不过昨日因为见了先生，加上"叔度汪汪"的印像，应该格外注意一番。我就不免有些意见，提起笔来写成一封白话信，送给先生，还求指教指教。

　　大作说，"树本无心结子，我也无恩于你"。这和孔融所说的"父之于子当有何亲……"、"子之于母亦复奚为……"差不多同一样的口气。我且不去管他。下文说的，"但是你既来了，我不能不养你教你，那是我对人道的义务，并不是待你的恩谊"。这就是做父母一方面的说法。换一方面说，做儿子的也可模仿同样口气说道："但是我既来了，你不能不养我教我，那是你对人道的义务，并不是待我的恩谊"。那么两方面凑泊起来，简直是亲子的关系，一方面变成了跛形的义务者，他一方面变成了跛

下卷　胡适谈做人

形的权利者，实在未免太不平等了。平心而论，旧时代的见解，好端端生在社会一个人，前途何等遥远，责任何等重大，为父母的单希望他做他俩的儿子，固然不对。但是照先生的主张，竟把一般做儿子的抬举起来，看做一个"白吃不回账"的主顾，那又未免太"矫枉过正"罢。

现在我且丢却亲子的关系不谈，先设一个譬喻来说。假如有位朋友留我在他家里住上若干年，并且供给我的衣食，后来又帮助我的学费，一直到我能够独立生活，他才放手。虽然这位朋友发了一个大愿，立心做个大施主，并不希望我些须报答，难道我自问良心能够就是这么拱拱手同他离开便算了吗？我以为亲子的关系，无论怎样改革，总比朋友较深一层。就是同朋友一样平等看待，果然有个鲍叔再世，把我看做管仲一般，也不能够说"不是待我的恩谊"罢。

大作结尾说道："我要你做一个堂堂的人，不要你做我的孝顺儿子。"这话我倒并不十分反对。但是我以为应该加上一个字，可以这么说："我要你做一个堂堂的人，不单要你做我的孝顺儿子。"为什么要加上这一个字呢？因为儿子孝顺父母，也是做人的一种信条，和那"悌弟""信友""爱群"等等是同样重要的。旧时代学说把一切善行都归纳在"孝"字里面，诚然流弊百出。但一定要把"孝"字"驱逐出境"，划在做人事业范围以外，好像人做了孝子，便不能够做一个堂堂的人。换一句话，就是人若要做一个堂堂的人，便非打定主意做一个不孝之子不可。总而言之，先生把"孝"字看得与做人的信条立在相反的地位。我以为"孝"字虽然没有"万能"的本领，但总还够得上和那做人的信条凑在一起，何必如此"雷厉风行"硬要把他"驱逐出境"呢？

前月我在一个地方谈起北京的新思潮，便联想到先生个人身上。有一位是先生的贵同乡，当时插嘴说道："现在一般人都把胡适之看做洪水猛兽一样，其实适之这个人旧道德并不坏。"说罢，并且引起事实为证。我自然是很相信的。照这位贵同乡的说话推测起来，先生平日对于父母当然不肯做那"孝"字反面的行为，是决无疑义了。我怕的是一般根底浅薄的青年，动辄抄袭名人一两句话，敢于扯起幌子，便"肆无忌惮"起来。打个比方，有人昨天看见《每周评论》上先生的大作，也便可以说道："胡先生教我做一个堂堂的人，万不可做父母的孝顺儿子。"久而久之，社会上布满了这种议论，那么任凭父母老病冻饿以至于死，都可以不去管他了。我也知道先生的本意无非看见旧式家庭过于"束缚驰骤"，急急地要替他调换空气，不知不觉言之太过，那也难怪。从前朱晦庵说得好，"教学者如扶醉人"，现在的中国人真算是大多数醉倒了。先生可怜他们，当下告奋勇，使一股大劲，把他从东边扶起。我怕是用力太猛，保不住又要跌向西边去。那不是和没有扶起一样吗？万一不幸，连性命都要送掉，那又向谁叫冤呢？

我很盼望先生有空闲的时候，再把那"我的父母"四个字做个题目，细细的想一番。把做儿子的对于父母应该怎样报答的话（我以为一方面做父母的儿子，同时在他方面仍不妨做社会上一个人），也得咏叹几句"恰如分际"，"彼此兼顾"，那才免得发生许多流弊。

二、我答汪先生的信

前天同太虚和尚谈论，我得益不少。别后又承先生给我这封很诚恳的信，感谢之至。

"父母于子无恩"的话，从王充、孔融以来，也很久了。从前有人说我曾提倡这话，我实在不能承认。直到今年我自己生了一个儿子，我才想到这个问题上去。我想这个孩子自己并不曾自由主张要生在我家，我们做父母的不曾得他的同意，就糊里糊涂的给了他一条生命。况且我们也并不曾有意送给他这条生命。我们既无意，如何能居功？如何能自以为有恩于他？他既无意求生，我们生了他，我们对他只有抱歉，更不能"市恩"了。我们糊里糊涂的替社会上添了一个人，这个人将来一生的苦乐祸福，这个人将来在社会上的功罪，我们应该负一部分的责任。说得偏激一点，我们生一个儿子，就好比替他种下了祸根，又替社会种下了祸根。他也许养成坏习惯，做一个短命浪子；他也许更堕落下去，做一个军阀派的走狗。所以我们"教他养他"，只是我们自己减轻罪过的法子，只是我们种下祸根之后自己补过弥缝的法子。这可以说是恩典吗？

我所说的，是从做父母的一方面设想的，是从我个人对于我自己的儿子设想的，所以我的题目是"我的儿子"。我的意思是要我这个儿子晓得我对他只有抱歉，决不居功，决不市恩。至于我的儿子将来怎样待我，那是他自己的事。我决不期望他报答我的恩，因为我已宣言无恩于他。

先生说我把一般做儿子的抬举起来，看做一个"白吃不还账"的主顾。这是先生误会我的地方。我的意思恰同这个相反。我想把一般做父母的抬高起来，叫他们不要把自己看做一种"放高利债"的债主。

先生又怪我把"孝"字驱逐出境。我要问先生，现在"孝子"两个字究竟还有什么意义？现在的人死了父母都称"孝子"。孝子就是居父母丧的儿子（古书称为"主人"），无论怎样忤逆不孝的人，一穿上麻衣，带上高梁冠，拿着哭丧棒，人家就称他做"孝子"。

我的意思以为古人把一切做人的道理都包在孝字里，故战阵无勇，莅官不敬，等等，都是不孝。这种学说，先生也承认他流弊百出。所以我要我的儿子做一个堂堂的人，不要他做我的孝顺儿子。我的意想［思］以为"一个堂堂的人"决不致于做打爹骂娘的事，决不致于对他的父母毫无感情。

但是我不赞成把"儿子孝顺父母"列为一种"信条"。易卜生的《群鬼》里有一段话很可研究（《新潮》第五号八五一页）：

（孟代牧师）你忘了没有，一个孩子应该爱敬他的父母？

（阿尔文夫人）我们不要讲得这样宽泛。应该说："欧士华应该爱敬阿尔文先生（欧士华之父）吗？"

这是说，"一个孩子应该爱敬他的父母"是耶教一种信条，但是有时未必适用。即如阿尔文一生纵淫，死于花柳毒，还把遗毒传给他的儿子欧士华，后来欧士华毒发而死。请问欧士华应该孝顺阿尔文吗？若照中国古代的伦理观念自然不成问题。但是在今日可不能不成问题了。假如我染着花柳毒，生下儿子又聋又瞎，终身残废，他应该爱敬我吗？又假如我把我的儿子应得的遗产都拿去赌输了，使他衣食不能完全，教育不能得着，他应该爱敬我吗？又假如我卖国卖主义，做了一国一世的大罪人，他应该爱敬我吗？

至于先生说的，恐怕有人扯起幌子，说，"胡先生教我做一个堂堂的人，万不可做父母的孝顺儿子"。这是他自己错了。我的诗是发表我生平第一次做老子的感想，我并不曾教训人家的儿子！

总之，我只说了我自己承认对儿子无恩，至于儿子将来对我作何感想，那是他自己的事，我不管了。

先生又要我做"我的父母"的诗。我对于这个题目，也曾有诗，载在《每周评论》第一期和《新潮》第二期里。

下卷　胡适谈做人

一个问题

　　我到北京不到两个月。这一天我在中央公园里吃冰，几位同来的朋友先散了。我独自坐着，翻开几张报纸看看，只见满纸都是讨伐西南和召集新国会的话。我懒得看那些疯话，丢开报纸，抬起头来，看见前面来了一男一女，男的抱着一个小孩子，女的手里牵着一个三四岁的孩子。我觉得那男的好生面善，仔细打量他，见他穿一件很旧的官纱长衫，面上很有老态，背脊微有点弯，因为抱着孩子，更显出曲背的样子。他看见我，也仔细打量。我不敢招呼，他们就过去了。走过去几步，他把小孩子交给那女的，他重又回来，问我道："你不是小山吗？"我说："正是。你不是朱子平吗？我几乎不敢认你了！"他说："我是子平，我们八九年不见，你还是壮年，我竟成了老人了，怪不得你不敢招呼我。"

　　我招呼他坐下，他不肯坐，说他一家人都在后面坐久了，要回去预备晚饭了。我说："你现在是儿女满前的福人了。怪不得要自称老人了。"他叹口气，说："你看我狼狈到这个样子，还要取笑我？我上个月见着伯安、仲实弟兄们，才知道你今年回国。你是学哲学的人，我有个问题要来请教你，我问过多少人，他们都说我有神经病，不大理会我。你把住址告诉我，我明天来看你。今天来不及谈了。"

　　我把住址告诉了他，他匆匆的赶上他的妻子，接过小孩子，一同出去了。

胡适谈读书与做人

我望着他们出去，心里想道：朱子平当初在我们同学里面，要算一个很有豪气的人，怎么现在弄得这样潦倒？看他见了一个多年不见的老同学，一开口就有什么问题请教，怪不得人说他有神经病。但不知他因为潦倒了才有神经病呢，还是因为有了神经病所以潦倒呢？……

第二天一大早，他果然来了。他比我只大得一岁，今年三十岁。但是他头上已有许多白发了。外面人看来，他至少要比我大十几岁。

他还没有坐定，就说："小山，我要请教你一个问题。"

我问他什么问题。他说："我这几年以来，差不多没有一天不问自己道：人生在世，究竟是为什么的？我想了几年，越想越想不通。朋友之中也没有人能回答这个问题。起先他们给我一个'哲学家'的绰号，后来他们竟叫我做朱疯子了！小山，你是见多识广的人，请你告诉我，人生在世，究竟是为什么的？"

我说："子平，这个问题是没有答案的。现在的人最怕的是有人问他这个问题。得意的人听着这个问题就要扫兴，不得意的人想着这个问题就要发狂。他们是聪明人，不愿意扫兴，更不愿意发狂，所以给你一个'疯子'的绰号，就算完了。——我要问你，你为什么想到这个问题上去呢？"

他说："这话说来很长，只怕你不爱听。"

我说我最爱听。他叹了一口气，点着一根纸烟，慢慢的说。以下都是他的话。

我们离开高等学堂那一年，你到英国去了，我回到家乡，生了一场大病，足足的病了十八个月。病好了，便是辛亥革命，把我家在汉口的店业就光复掉了。家里生计渐渐困难，我不能不出来谋事。那时伯安、石生一班老同学都在北京，我写信给他们，托他们寻点事做。后来他们写信给我，说从前高等学堂的老师陈老先生答应要我去教他的孙子。我到北京，就住在陈家。陈

下卷　胡适谈做人

老先生在大学堂教书，又担任女子师范的国文，一个月拿的钱很多，但是他的两个儿子都不成器，老头子气得很，发愤要教育他几个孙子成人。但是他一个人教两处书，哪有工夫教小孩子？你知道我同伯安都是他的得意学生，所以他叫我去，给我二十块钱一个月，住的房子，吃的饭，都是他的，总算他老先生的一番好意。

过了半年，他对我说，要替我做媒。说的是他一位同年的女儿，现在女子师范读书，快要毕业了。那女子我也见过一两次，人倒很朴素稳重。但是我一个月拿人家二十块钱，如何养得起家小？我把这个意思回复他，谢他的好意。老先生有点不高兴，当时也没说什么。过了几天，他请了伯安、仲实弟兄到他家，要他们劝我就这门亲事。他说："子平的家事，我是晓得的。他家三代单传，嗣续的事不能再缓了。二十多岁的少年，哪里怕没有事做？还怕养不活老婆吗？我替他做媒的这头亲事是再好也没有的。女的今年就毕业，毕业后还可在本京蒙养院教书，我已经替他介绍好了。蒙养院的钱虽不多，也可以贴补一点家用。他再要怕不够时，我把女学堂的三十块钱让他去教。我老了，大学堂一处也够我忙了。你们看我这个媒人总可算是竭力报效了。"

伯安弟兄把这番话对我说，你想我如何能再推辞。我只好写信告诉家母。家母回信，也说了许多"三代单传，不孝有三，无后为大"的话。又说，"陈老师这番好意，你稍有人心，应该感激图报，岂可不识抬举"。

我看了信，晓得家母这几年因为我不肯娶亲，心里很不高兴，这一次不过是借题发点牢骚。我仔细一想，觉得做了中国人，老婆是不能不讨的，只好将就点罢。

我去找到伯安、仲实，说我答应订定这头亲事，但是我现

167

在没有积蓄，须过一两年再结婚。

他们去见老先生，老先生说："女孩子今年二十三岁了，他父亲很想早点嫁了女儿，好替他小儿子娶媳妇。你们去对子平说，叫他等女的毕业了就结婚。仪节简单一点，不费什么钱。他要用木器家具，我这里有用不着的，他可以搬去用。我们再替他邀一个公份，也就可以够用了。"

他们来对我说，我没有话可驳回，只好答应了。过了三个月，我租了一所小屋，预备成亲。老先生果然送了一些破烂家具，我自己添置了一点。伯安、石生一些人发起一个公份，送了我六十多块钱的贺仪，只够我替女家做了两套衣服，就完了。结婚的时候，我还借了好几十块钱，才勉强把婚事办了。

结婚的生活，你还不曾经过。我老实对你说，新婚的第一年，的确是很有乐趣的生活。我的内人，人极温和，他晓得我的艰苦，我们从不肯乱花一个钱。我们只用一个老妈，白天我上陈家教书，下午到女师范教书，他到蒙养院教书。晚上回家，我们自己做两样家乡小菜，吃了晚饭，闲谈一会，我改我的卷子，他陪我坐着做点针线。我有时做点文字卖给报馆，有时写到夜深才睡。他怕我身体过劳，每晚到了十二点钟，他把我的墨盒纸笔都收了去，吹灭了灯，不许我再写了。

小山，这种生活，确有一种乐趣。但是不到七八个月，我的内人就病了，呕吐得很利害。我们猜是喜信，请医生来看，医生说八成是有喜。我连忙写信回家，好叫家母欢喜。老人家果然欢喜得很，托人写信来说了许多孕妇保重身体的法子，还做了许多小孩的衣服小帽寄来。

产期将近了。他不能上课，请了一位同学代他。我添雇了一个老妈子，还要准备许多临产的需要品。好容易生下一个男孩子来。产后内人身体不好，乳水不够，不能不雇奶妈。一家平空

下卷　胡适谈做人

减少了每月十几块钱的进账,倒添上了几口人吃饭拿工钱。家庭的担负就很不容易了。

过了几个月,内人身体复原了,依旧去上课,但是记挂着小孩子,觉得很不方便。看十几块钱的面上,只得忍着心肠做去。

不料陈老先生忽然得了中风的病,一起病就不能说话,不久就死了。他那两个宝贝儿子,把老头子的一点存款都瓜分了,还要赶回家去分田产,把我的三个小学生都带回去了。

我少了二十块钱的进款,正想寻事做,忽然女学堂的校长又换了人,第二年开学时,他不曾送聘书来,我托熟人去说,他说我的议论太偏僻了,不便在女学堂教书。我生了气,也不曾再去求他了。

伯安那时做众议院的议员,在国会里颇出点风头。我托他设法。他托陈老先生的朋友把我荐到大学堂去当一个事务员,一个月拿三十块钱。

我们只好自己刻苦一点,把奶妈和那添雇的老妈子辞了。每月只吃三四次肉,有人请我吃酒,我都辞了不去,因为吃了人的,不能不回请。戏园里是四年多不曾去过了。

但是无论我们怎样节省,总是不够用。过了一年又添了一个孩子。这回我的内人自己给他奶吃,不雇奶妈了。但是自己的乳水不够,我们用开成公司的豆腐浆代他,小孩子不肯吃,不到一岁就殇掉了。内人哭的什么似的。我想起孩子之死全系因为雇不起奶妈,内人又过于省俭,不肯吃点滋养的东西,所以乳水更不够。我看见内人伤心,我心里实在难过。

后来时局一年坏似一年,我的光景也一年更紧似一年。内人因为身体不好,辍课太多,蒙养院的当局颇说嫌话,内人也有点拗性,索性辞职出来。想找别的事做,一时竟寻不着。北京这个地方,你想寻一个三百五百的阔差使,反不费力。要是你想寻二三十块钱一个月的小事，那就比登天还难。到了中、交两行停止兑现的时候，我那每月三十块钱的票子更不够用了。票子的价值越缩下去，我的大孩子吃饭的本事越大起来。去年冬天，又生了一个女孩子，就是昨天你看见我抱着的。我托了伯安去见大学校长，请他加我的薪水，校长晓得我做事认真，加了我十块钱票子，共是四十块，打个七折，四七二十八，你替我算算，房租每月六块，伙食十五块，老妈工钱两块，已是二十三块钱了。剩下五块大钱，每天只派着一角六分大洋做零用钱。做衣服的钱都没有，不要说看报买书了。大学图书馆里虽然有书有报，但是我一天忙到晚，公事一完，又要赶回家来帮内人照应小孩子，哪里有工夫看书阅报？晚上我腾出一点工夫做点小说，想赚几个钱。我的内人向来不许我写过十二点钟的，于今也不来管我了。他晓得我们现在所处的境地，非寻两个外快钱不能过日子，所以只好由我写到两三点钟才睡。但是现在卖文的人多了，我又没有工夫看书，全靠绞脑子，挖心血，没有接济思想的来源，做的东西又都是百忙里偷闲潦草做的，哪里会有好东西？所以往往卖不起价钱，有时原稿退回，我又修改一点，寄给别家。前天好容易卖了一篇小说，拿着五块钱，所以昨天全家去逛中央公园，去年我们竟不曾去过。

我每天五点钟起来——冬天六点半起来——午饭后靠着桌子偷睡半个钟头，一直忙到夜深半夜后。忙的是什么呢？我要吃饭，老婆要吃饭，还要喂小孩子吃饭——所忙的不过为了这一件事！

我每天上大学去，从大学回来，都是步行。这就是我的体操，不但可以省钱，还可给我一点用思想的时间，使我可以想小说的布局，可以想到人生的问题。有一天，我的内人的姊夫从南边来，我想请他上一回馆子，家里恰没有钱，我去问同事借，那几位同事也都是和我不相上下的穷鬼,哪有钱借人?我空着手走回家,路上自思自想,忽然想到一个大问题,就是"人生在世,究竟是为什么的?"……我一头想,一头走,想入了迷,就站在北河沿一棵柳树下,望着水里的树影子,足足站了两个钟头。等到我醒过来走回家时,天已黑了,客人已走了半天了!

自从那一天到现在,几乎没有一天我不想到这个问题。有时候,我从睡梦里喊着"人生在世,究竟是为什么的?"

小山,你是学哲学的人。像我这样养老婆,喂小孩子,就算做了一世的人吗?……

胡适谈读书与做人

《科学与人生观》序

  亚东图书馆主人汪孟邹先生近来把散见国内各种杂志上的讨论科学与人生观的文章搜集印行，总名为《科学与人生观》。我从烟霞洞回到上海时，这部书已印了一大半了。孟邹要我做一篇序。我觉得，在这回空前的思想界大笔战的战场上，我要算一个逃兵了。我在本年三四月间，因为病体未复原，曾想把《努力周报》停刊；当时丁在君先生极不赞成停刊之议，他自己做了几篇长文，使我好往南方休息一会。我看了他的《玄学与科学》，心里很高兴，曾对他说，假使《努力》以后向这个新方向去谋发展，——假使我们以后为科学作战，——《努力》便有了新生命，我们也有了新兴趣，我从南方回来，一定也要加入战斗的。然而我来南方以后，一病就费去了六个多月的时间，在病中我只做了一篇很不庄重的《孙行者与张君劢》，此外竟不曾加入一拳一脚，岂不成了一个逃兵了？我如何敢以逃兵的资格来议论战场上各位武士的成绩呢？

  但我下山以后，得遍读这次论战的各方面的文章，究竟忍不住心痒手痒，究竟不能不说几句话。一来呢，因为论战的材料太多，看这部大书的人不免有"目迷五色"的感觉，多作一篇综合的序论也许可以帮助读者对于论点的了解。二来呢，有几个重要的争点，或者不曾充分发挥，或者被埋没在这二十五万字的大海里，不容易引起读者的注意，似乎都有特别点

下卷　胡适谈做人

出的需要。因此，我就大胆地作这篇序了。

一

这三十年来，有一个名词在国内几乎做到了无上尊严的地位；无论懂与不懂的人，无论守旧和维新的人，都不敢公然对他表示轻视或戏侮的态度。那个名词就是"科学"。这样几乎全国一致的崇信，究竟有无价值，那是另一问题。我们至少可以说，自从中国讲变法维新以来，没有一个自命为新人物的人敢公然毁谤"科学"的，直到民国八、九年间梁任公先生发表他的《欧游心影录》，科学方才在中国文字里正式受了"破产"的宣告。梁先生说：

> ……要而言之，近代人因科学发达，生出工业革命，外部生活变迁急剧，内部生活随而动摇，这是很容易看得出的。……依着科学家的新心理学，所谓人类心灵这件东西，就不过物质运动现象之一种。……这些唯物派的哲学家，托庇科学宇下建立一种纯物质的纯机械的人生观。把一切内部生活外部生活都归到物质运动的"必然法则"之下。……不惟如此，他们把心理和精神看成一物，根据实验心理学，硬说人类精神也不过一种物质，一样受"必然法则"所支配。于是人类的自由意志不得不否认了。意志既不能自由，还有什么善恶的责任？……现今思想界最大的危机就在这一点。宗教和旧哲学既已被科学打得个旗靡辙乱，这位"科学先生"便自当仁不让起来，要凭他的试验发明个宇宙新大原理。却是那大原理且不消说，敢是各科的小原理也是日新月异，今日认为真理，明日已成谬见。新权威到底树立不来，旧权威却是不可恢复了。所以全社会人心，都陷入怀疑沉闷畏惧之中，好像失了罗针的海船遇着风雾，不知前途怎生是好。既然如此，所以那些什么乐利主义强权主义越发得势。死后既没有天堂，只好尽这几十年尽情地快活。善恶既没有责任，何妨尽我的

手段来充满我个人欲望。然而享用的物质增加速率,总不能和欲望的升腾同一比例,而且没有法子令他均衡。怎么好呢?只有凭自己的力量自由竞争起来,质而言之,就是弱肉强食。近年来什么军阀,什么财阀,都是从这条路产生出来。这回大战争,便是一个报应。……总之,在这种人生观底下,那么千千万万人前脚接后脚的来这世界走一趟住几十年,干什么呢?独一无二的目的就是抢面包吃。不然就是怕那宇宙间物质运动的大轮子缺了发动力,特自来供给他燃料。果真这样,人生还有一毫意味,人类还有一毫价值吗?无奈当科学全盛时代,那主要的思潮,却是偏在这方面,当时讴歌科学万能的人,满望着科学成功,黄金世界便指日出现。如今功总算成了,一百年物质的进步,比从前三千年所得还加几倍。我们人类不惟没有得着幸福,倒反带来许多灾难。好像沙漠中失路的旅人,远远望见个大黑影,拼命往前赶,以为可以靠他向导,那知赶上几程,影子却不见了,因此无限凄惶失望。影子是谁,就是这位"科学先生"。欧洲人做了一场科学万能的大梦,到如今却叫起科学破产来。(《梁任公近著》第一辑上卷,页一九——二三)

梁先生在这段文章里很动情感地指出科学家的人生观的流毒:他很明显地控告那"纯物质的纯机械的人生观"把欧洲全社会"都陷入怀疑沉闷畏惧之中",养成"弱肉强食"的现状,——"这回大战争,便是一个报应"。他很明白地控告这种科学家的人生观造成"抢面包吃"的社会,使人生没有一毫意味,使人类没有一毫价值,没有给人类带来幸福,"倒反带来许多灾难",叫人类"无限凄惶失望"。梁先生要说的是欧洲"科学破产"的喊声,而他举出的却是科学家的人生观的罪状;梁先生搜拾了一些玄学家诬蔑科学人生观的话头,却便加上了"科学破产"的恶名。

梁先生后来在这一段之后,加上两行自注道:

读者切勿误会,因此菲薄科学,我绝不承认科学破产,不

下卷　胡适谈做人

过也不承认科学万能罢了。

然而谣言这件东西，就同野火一样，是易放而难收的。自从《欧游心影录》发表之后，科学在中国的尊严就远不如前了。一般不曾出国门的老先生很高兴地喊着，"欧洲科学破产了！梁任公这样说的"。我们不能说梁先生的话和近年同善社、悟善社的风行有什么直接的关系；但我们不能不说梁先生的话在国内确曾替反科学的势力助长不少的威风。梁先生的声望，梁先生那枝"笔锋常带情感"的健笔，都能使他的读者容易感受他的言论的影响。何况国中还有张君劢先生一流人，打着柏格森、倭铿、欧立克……的旗号，继续起来替梁先生推波助澜呢？

我们要知道，欧洲的科学已到了根深蒂固的地位，不怕玄学鬼来攻击了。几个反动的哲学家，平素饱餍了科学的滋味，偶尔对科学发几句牢骚话，就像富贵人家吃厌了鱼肉，常想尝尝咸菜豆腐的风味：这种反动并没有什么大危险。那光焰万丈的科学，决不是这几个玄学鬼摇撼得动的。一到中国，便不同了。中国此时还不曾享着科学的赐福，更谈不到科学带来的"灾难"。我们试睁开眼看看：这遍地的乩坛道院，这遍地的仙方鬼照相，这样不发达的交通，这样不发达的实业，——我们哪里配排斥科学？至于"人生观"，我们只有做官发财的人生观，只有靠天吃饭的人生观，只有求神问卜的人生观，只有《安士全书》的人生观，只有《太上感应篇》的人生观，——中国人的人生观还不曾和科学行见面礼呢！我们当这个时候，正苦科学的提倡不够，正苦科学的教育不发达，正苦科学的势力还不能扫除那迷漫全国的乌烟瘴气，——不料还有名流学者出来高唱"欧洲科学破产"的喊声，出来把欧洲文化破产的罪名归到科学身上，出来菲薄科学，历数科学家的人生观的罪状，不要科学在人生观上发生影响！信仰科学的人看了这种现状，能不发愁吗？能不大声疾呼出来替科学辩护吗？

这便是这一次"科学与人生观"的大论战所以发生的动机。明白了这个动机，我们方才可以明白这次大论战在中国思想史上占的地位。

二

张君劢的《人生观》原文的大旨是：

> 人生观之特点所在，曰主观的，曰直觉的，曰综合的，曰自由意志的，曰单一性的。惟其有此五点，故科学无论如何发达，而人生观问题之解决，决非科学所能为力，惟赖诸人类之自身而已。

君劢叙述那五个特点时，处处排斥科学，处处用一种不可捉摸的语言——"是非各执，绝不能施以一种试验"，"无所谓定义，无所谓方法，皆其身良心之所命起而主张之"，"若强为分析，则必失其真义"，"皆出于良心之自动，而决非有使之然者"。这样一个大论战，却用一篇处处不可捉摸的论文作起点，这是一件大不幸的事。因为原文处处不可捉摸，故驳论与反驳都容易跳出本题。战线延长之后，战争的本意反不很明白了（我常想，假如当日我们用了梁任公先生的"科学万能之梦"一篇作讨论的基础，我们定可以使这次论争的旗帜格外鲜明，——至少可以免去许多无谓的纷争）。我们为读者计，不能不把这回论战的主要问题重说一遍。

君劢的要点是"人生观问题之解决，决非科学所能为力"。我们要答复他，似乎应该先说明科学应用到人生观问题上去，曾产生什么样子的人生观；这就是说，我们应该先叙述"科学的人生观"是什么，然后讨论这种人生观是否可以成立，是否可以解决人生观的问题，是否像梁先生说的那样贻祸欧洲，流毒人类。我总观这二十五万字的讨论，终觉得这一次为科学作战的人——除了吴稚晖先生——都有一个共同的错误，就是不曾具体地说明科学的人生观是什么，却去抽象地力争科学可以解决人生观的问题。这个共同错误的原因，约有两种：第一，张君劢的导火线的文章内并不曾像梁任公那样明白指斥科学家的人生观，只是笼统地说科学对于人生观问题无能为力。因此，驳论与反驳论的文章也都走上那"可能与不可能"的笼统讨论上去了。例如丁在君的《玄学与科学》的主要部分只是要证明：

> 凡是心理的内容，真的概念推论，无一不是科学的材料。

然而他却始终没有说出什么是"科学的人生观"。从此以后，许多参战的学者都错在这一点上。如张君劢《再论人生观与科学》只主张：

> "人生观超于科学以上"，"科学决不能支配人生"。

如梁任公的《人生观与科学》只说：

> 人生关涉理智方面的事项，绝对要用科学方法来解决；关于情感方面的事项，绝对的超科学。

如林宰平的《读丁在君先生的〈玄学与科学〉》只是一面承认"科学的方法有益于人生观"，一面又反对科学包办或管理"这个最古怪的东西"——人类。如丁在君《答张君劢》也只是说明：

> 这种（科学）方法，无论用在知识界的哪一部分，都有相当的成绩，所以我们对于知识的信用，比对于没有方法的情感要好；凡有情感的冲动都要想用知识来指导他，使他发展的程度提高，发展的方向得当。

如唐擘黄《心理现象与因果律》只证明：

> 一切心理现象都是有因的。

他的《一个痴人的说梦》只证明：

> 关于情感的事项，要就我们的知识所及，尽量用科学方法来解决的。

王抚五的《科学与人生观》也只是说：

> 科学是凭借"因果"和"齐一"两个原理而构造起来的；人生问题无论为生命之观念，或生活之态度，都不能逃出这两个原理的金刚圈，所以科学可以解决人生问题。

直到最后范寿康的《评所谓科学与玄学之争》，也只是说：

> 伦理规范——人生观——一部分是先天的，一部分是后天的。先天的形式是由主观的直觉而得，决不是科学所能干涉。后天的内容应由科学的方法探讨而定，决不是主观所应妄定。

综观以上各位的讨论，人人都在那里笼统地讨论科学能不能解决人生问题或人生观问题。几乎没有一个人明白指出，假使我们把科学适用到人生观

胡适谈读书与做人

上去，应该产生什么样子的人生观。然而这个共同的错误大都是因为君劢的原文不曾明白攻击科学家的人生观，却只悬空武断科学决不能解决人生观问题。殊不知，我们若不先明白科学应用到人生观上去时发生的结果，我们如何能悬空评判科学能不能解决人生观呢？

这个共同的错误——大家规避"科学的人生观是什么"的问题——怕还有第二个原因，就是一班拥护科学的人虽然抽象地承认科学可以解决人生问题，却终不愿公然承认那具体的"纯物质，纯机械的人生观"为科学的人生观。我说他们"不愿"，并不是说他们怯懦不敢，只是说他们对于那科学家的人生观还不能像吴稚晖先生那样明显坚决的信仰，所以还不能公然出来主张。这一点确是这一次大论争的一个绝大的弱点。若没有吴老先生把他的"漆黑一团"的宇宙观和"人欲横流"的人生观提出来做个押阵大将，这一场大战争真成了一场混战，只闹得个一哄散场！

关于这一点，陈独秀先生的序里也有一段话，对于作战的先锋大将丁在君先生表示不满意。独秀说：

> 他（丁先生）自号存疑的唯心论，这是沿袭赫胥黎、斯宾塞诸人的谬误；你既承认宇宙间有不可知的部分而存疑，科学家站开，且让玄学家来解疑。此所以张君劢说，"既已存疑，则研究形而上界之玄学，不应有丑诋之词"。其实我们对于未发见的物质固然可以存疑，而对于超物质而独立存在并且可以支配物质的什么心（心即是物之一种表现），什么神灵与上帝，我们已无疑可存了。说我们武断也好，说我们专制也好，若无证据给我们看，我们断然不能抛弃我们的信仰。

关于存疑主义的积极的精神，在君自己也曾有明白的声明（《答张君劢》，页二一——二三）。"拿证据来！"一句话确然是有积极精神的。但赫胥黎等在当用这种武器时，究竟还只是消极的防御居多。在十九世纪的英国，在那宗教的权威不曾打破的时代，明明是无神论者也不得不挂一个"存疑"的招牌。但在今日的中国，在宗教信仰向来比较自由的中国，我们如果深信现有的科学证据只能叫我们否认上帝的存在和灵魂的不灭,那么,我们正不妨老实自居为"无神论者"。这样的自称并不算是武断;因为我们的信仰是根据于证据的:等到有神论的证据充足时,我们再改信有神论,也还不迟。我们在这个时候,既不能相信那没有充分证据的有神论,心灵不灭论,天人感应论,……又不肯积极地主张那自然主义的宇宙观,唯物的人生观,……怪不得独秀要说"科学家站开!且让玄学家来解疑"了。吴稚晖先生便不然。他老先生宁可冒"玄学鬼"的恶名,偏要冲到那"不可知的区域"里去打一阵,他希望"那不可知区域里的假设,责成玄学鬼也带着论理色彩去假设着"(《宇宙观及人生观》,第9页)。这个态度是对的。我们信仰科学的人,正不妨做一番大规模的假设。只要我们的假设处处建筑在已知的事实之上,只要我们认我们的建筑不过是一种最满意的假设,可以跟着新证据修正的,——我们带着这种科学的态度,不妨冲进那不可知的区域里,正如姜子牙展开了杏黄旗,也不妨冲进十绝阵里去试试。

三

我在上文说的,并不是有意挑剔这一次论战场上的各位武士。我的意思只是要说,这一篇论战的文章只做了一个"破题",还不曾做到"起讲"。至于"余兴"与"尾声",更谈不到了。破题的工夫,自然是很重要的。丁在君先生的发难,唐擘黄先生等的响应,六个月的时间,二十五万字的煌煌大文,大吹大擂地把这个大问题捧了出来,叫乌烟瘴气的中国知道这个大问题的重要,——这件功劳真不在小处!

可是现在真有做"起讲"的必要了。吴稚晖先生的"一个新信仰的宇宙观及人生观"已给我们做下一个好榜样。在这篇《科学与人生观》的"起讲"里,我们应该积极地提出什么叫做"科学的人生观",应该提出我们所谓"科学的人生观",好教将来的讨论有个具体的争点。否则你单说科学能解决人生观,他单说不能,势必至于吴稚晖先生说的"张丁之战,便延长了一百年,也不会得到究竟"。因为若不先有一种具体的科学

胡适谈读书与做人

人生观作讨论的底子，今日泛泛地承认科学有解决人生观的可能，是没有用的。等到那"科学的人生观"的具体内容拿出来时，战线上的组合也许要起一个大大的变化。我的朋友朱经农先生是信仰科学"前程不可限量"的，然而他定不能承认无神论是科学的人生观。我的朋友林宰平先生是反对科学包办人生观的，然而我想他一定可以很明白地否认上帝的存在。到了那个具体讨论的时期，我们才可以说是真正开战。那时的反对，才是真反对。那时的赞成，才是真赞成。那时的胜利，才是真胜利。

我还要再进一步说：拥护科学的先生们，你们虽要想规避那"科学的人生观是什么"的讨论，你们终于免不了的。因为他们早已正式对科学的人生观宣战了。梁任公先生的"科学万能之梦"，早已明白攻击那"纯物质的，纯机械的人生观"了。他早已把欧洲大战祸的责任加到那"科学家的新心理学"上去了。张君劢先生在《再论人生观与科学》里，也很笼统地攻击"机械主义"了。他早已说"关于人生之解释与内心之修养，当然以唯心派之言为长"了。科学家究竟何去何从？这时候正是科学家表明态度的时候了。

因此，我们十分诚恳地对吴稚晖先生表示敬意，因为他老先生在这个时候很大胆地把他信仰的宇宙观和人生观提出来，很老实地宣布他的"漆黑一团"的宇宙观和"人欲横流"的人生观。他在那篇大文章里，很明白地宣言：

  那种骇得煞人的显赫的名词，上帝呀，神呀，还是取销了好。（页十二）

很明白地：

  开除了上帝的名额，放逐了精神元素的灵魂。（页二九）

很大胆地宣言：

  我以为动植物且本无感觉，皆止有其质力交推，有其辐射反应，如是而已。譬之于人，其质构而为如是之神经系，即其力生如是之反应。所谓情感，思想，意志等等，就种种反应而强为

之名，美其名曰心理，神其事曰灵魂，质直言之曰感觉，其实统不过质力之相应。（页二二——二三）

他在《人生观》里，很"恭敬地又好像滑稽地"说：

人便是外面止剩两只脚，却得到了两只手，内面有三斤二两脑髓，五千零四十八根脑筋，比较占有多额神经系质的动物。（页三九）

生者，演之谓也，如是云尔。（页四十）

所谓人生，便是用手用脑的一种动物，轮到"宇宙大剧场"的第亿垓八京六兆五万七千幕，正在那里出台演唱。（页四七）

他老先生五年的思想和讨论的结果，给我们这样一个"新信仰的宇宙观及人生观"。他老先生很谦逊地避去"科学的"的尊号，只叫他做"柴积上，日黄中的老头儿"的新信仰。他这个新信仰正是张君劢先生所谓"机械主义"，正是梁任公先生所谓"纯物质的纯机械的人生观"。他一笔勾销了上帝，抹煞了灵魂，戳穿了"人为万物之灵"的玄秘。这才是真正的挑战。我们要看那些信仰上帝的人们出来替上帝向吴老先生作战。我们要看那些信仰灵魂的人们出来替灵魂向吴老先生作战。我们要看那些信仰人生的神秘的人们出来向这"两手动物演戏"的人生观作战。我们要看那些认爱情为玄秘的人们出来向这"全是生理作用，并无丝毫微妙"的爱情观作战。这样的讨论，才是切题的，具体的讨论。这才是真正开火。这样战争的结果，不是科学能不能解决人生的问题了，乃是上帝的有无，鬼神的有无，灵魂的有无，……等等人生切要问题的解答。

只有这种具体的人生切要问题的讨论才可以发生我们所希望的效果，——才可以促进思想上的刷新。

反对科学的先生们！你们以后的作战，请向吴稚晖的"新信仰的宇宙观及人生观"作战。

拥护科学的先生们！你们以后的作战，请先研究吴稚晖的"新信仰的宇宙观及人生观"：完全赞成他的，请准备替他辩护，像赫胥黎替达尔文辩护一样；不能完全赞成他的，请提出修正案，像后来的生物学者修正达尔文主义一样。

从此以后，科学与人生观的战线上的押阵老将吴老先生要倒转来做先锋了！

四

说到这里，我可以回到张、丁之战的第一个"回合"了。张君劢说：

> 天下古今之最不统一者，莫若人生观。（《人生观》页一）

丁在君说：

> 人生观现在没有统一是一件事，永久不能统一又是一件事，除非你能提出事实理由来证明他是永远不能统一的，我们总有求他统一的义务。（《玄学与科学》页三）

> 玄学家先存了一个成见，说科学方法不适用于人生观；世界上的玄学家一天没有死完，自然一天人生观不能统一。（页四）

"统一"一个字，后来很引起一些人的抗议。例如林宰平先生就控告丁在君，说他"要把科学来统一一切"，说他"想用科学的武器来包办宇宙"。这种控诉，未免过于张大其词了。在君用的"统一"一个字，不过是沿用君劢文章里的话；他们两位的意思大概都不过是大同小异的一致，罢了。依我个人想起来，人类的人生观总应该有一个最低限度的一致的可能。唐擘黄先生说的最好：

> 人生观不过是一个人对于世界万物同人类的态度，这种态度是随着一个人的神经构造，经验，知识等而变的。神经构造等就是人生观之因。我举一二例来看。

> 无因论者以为叔本华（Schopenhauer）、哈德门（Hartmann）的人生观是直觉的，其实他们自己并不承认这事。他们都说根据经验阅历而来的。叔本华是引许多经验作证的，哈德门还要说他的哲学是从归纳法得来的。

下卷　胡适谈做人

人生观是因知识而变的。例如，柯白尼（今译哥白尼）太阳居中说，同后来的达尔文的人猿同祖说发明以后，世界人类的人生观起绝大变动；这是无可疑的历史事实。若人生观是直觉的，无因的，何以随自然界的知识而变更呢？

我们因为深信人生观是因知识经验而变换的，所以深信宣传与教育的效果可以使人类的人生观得着一个最低限度的一致。

最重要的问题是：拿什么东西来做人生观的"最低限度的一致"呢？

我的答案是：拿今日科学家平心静气地，破除成见地，共同承认的"科学的人生观"来做人类人生观的最低限度的一致。

宗教的功效已曾使有神论和灵魂不灭论统一欧洲（其实何止欧洲？）的人生观至千余年之久。假使我们信仰的"科学的人生观"将来靠教育与宣传的功效，也能有"有神论"和"灵魂不灭论"在中世纪欧洲那样的风行，那样的普遍，那也可算是我所谓"大同小异的一致"了。

我们若要希望人类的人生观逐渐做到大同小异的一致，我们应该准备替这个新人生观作长期的奋斗。我们所谓"奋斗"，并不是像林宰平先生形容的"摩哈默得（今译穆罕默德）式"的武力统一；只是用光明磊落的态度，诚恳的言论，宣传我们的"新信仰"，继续不断的宣传，要使今日少数人的信仰逐渐变成将来大多数人的信仰。我们也可以说这是"作战"，因为新信仰总免不了和旧信仰冲突的事；但我们总希望作战的人都能尊重对方的人格，都能承认那些和我们信仰不同的人不一定都是笨人与坏人，都能在作战之中保持一种"容忍"（Toleration）的态度；我们总希望那些反对我们的新信仰的人，也能用"容忍"的态度来对我们，用研究的态度来考察我们的信仰。我们要认清：我们的真正敌人不是对方，我们的真正敌人是"成见"，是"不思想"。我们向旧思想和旧信仰作战，其实只是很诚恳地请求旧思想和旧信仰势力之下的朋友们起来向"成见"和"不思想"作战。凡是肯用思想来考察他的成见的人，都是我们的同盟！

五

总而言之，我们以后的作战计划是宣传我们的新信仰，是宣传我们信仰的新人生观（我所谓"人生观"，依唐擘黄先生的界说，包括吴稚晖先生所谓"宇宙观"）。这个新人生观的大旨，吴稚晖先生已宣布过了。我们总括他的大意，加上一点扩充和补充，在这里再提出这个新人生观的轮廓：

（1）根据于天文学和物理学的知识，叫人知道空间的无穷之大。

（2）根据于地质学及古生物学的知识，叫人知道时间的无穷之长。

（3）根据于一切科学，叫人知道宇宙及其中万物的运行变迁皆是自然的，——自己如此的，——正用不着什么超自然的主宰或造物者。

（4）根据于生物的科学的知识，叫人知道生物界的生存竞争的浪费与惨酷，——因此，叫人更可以明白那"有好生之德"的主宰的假设是不能成立的。

（5）根据于生物学，生理学，心理学的知识，叫人知道人不过是动物的一种，他和别种动物只有程度的差异，并无种类的区别。

（6）根据于生物的科学及人类学，人种学，社会学的知识，叫人知道生物及人类社会演进的历史和演进的原因。

（7）根据于生物的及心理的科学，叫人知道一切心理的现象都是有因的。

（8）根据于生物学及社会学的知识，叫人知道道德礼教是变迁的，而变迁的原因都是可以用科学方法寻求出来的。

（9）根据于新的物理化学的知识，叫人知道物质不是死的，是活的；不是静的，是动的。

（10）根据于生物学及社会学的知识，叫人知道个人——"小我"——是要死灭的，而人类——"大我"——是不死的，不朽的；叫人知道"为全种万世而生活"就是宗教，就是最高的宗教；而那些替个人谋死后的"天堂""净土"的宗教，乃是自私自利的宗教。

这种新人生观是建筑在二三百年的科学常识之上的一个大假设，我们

下卷　胡适谈做人

也许可以给他加上"科学的人生观"的尊号。但为避免无谓的争论起见，我主张叫他做"自然主义的人生观"。

在那个自然主义的宇宙里，在那无穷之大的空间里，在那无穷之长的时间里，这个平均高五尺六寸，上寿不过百年的两手动物——人——真是一个藐乎其小的微生物了。在那个自然主义的宇宙里，天行是有常度的，物变是有自然法则的，因果的大法支配着他——人——的一切生活，生存竞争的惨剧鞭策着他的一切行为，——这个两手动物的自由真是很有限的了。然而那个自然主义的宇宙里的这个渺小的两手动物却也有他的相当的地位和相当的价值。他用的两手和一个大脑，居然能做出许多器具，想出许多方法，造成一点文化。他不但驯服了许多禽兽，他还能考究宇宙间的自然法则，利用这些法则来驾驭天行，到现在他居然能叫电气给他赶车，以太给他送信了。他的智慧的长进就是他的能力的增加；然而智慧的长进却又使他的胸襟扩大，想象力提高。他也曾拜物拜畜生，也曾怕神怕鬼，但他现在渐渐脱离了这种种幼稚的时期，他现在渐渐明白：空间之大只增加他对于宇宙的美感；时间之长只使他格外明了祖宗创业之艰难；天行之有常只增加他制裁自然界的能力。甚至于因果律的笼罩一切，也并不见得束缚他的自由，因为因果律的作用一方面使他可以由因求果，由果推因，解释过去，预测未来；一方面又使他可以运用他的智慧，创造新因以求新果。甚至于生存竞争的观念也并不见得就使他成为一个冷酷无情的畜生，也许还可以格外增加他对于同类的同情心，格外使他深信互助的重要，格外使他注重人为的努力以减免天然竞争的惨酷与浪费。——总而言之，这个自然主义的人生观里，未尝没有美，未尝没有诗意，未尝没有道德的责任，未尝没有充分运用"创造的智慧"的机会。

我这样粗枝大叶的叙述，定然不能使信仰的读者满意，或使不信仰的读者心服。这个新人生观的满意的叙述与发挥，那正是这本书和这篇序所期望能引起的。

信心与反省

这一期（《独立》一○三期）里有寿生先生的一篇文章，题为《我们要有信心》，在这文里，他提出一个大问题：中华民族真不行吗？他自己的答案是：我们是还有生存权的。

我很高兴我们的青年在这种恶劣空气里还能保持他们对于国家民族前途的绝大信心。这种信心是一个民族生存的基础，我们当然是完全同情的。

可是我们要补充一点：这种信心本身要建筑在稳固的基础之上，不可站在散沙之上。如果信仰的根据不稳固，一朝根基动摇了，信仰也就完了。

寿生先生不赞成那些旧人"拿什么五千年的古国哟，精神文明哟，地大物博哟，来遮丑"。这是不错的。然而他自己提出的民族信心的根据，依我看来，文字上虽然和他们不同，实质上还是和他们同样的站在散沙之上，同样的挡不住风吹雨打。例如他说：

我们今日之改进不如日本之速者，就是因为我们的固有文化太丰富了。富于创造性的人，个性必强，接受性就较缓。

这种思想在实质上和那五千年古国精神文明的迷梦是同样的无稽的夸大。第一，他的原则"富于创造性的人，个性必强，接受性就较缓"，这个大

下卷　胡适谈做人

前提就是完全无稽之谈，就是懒惰的中国士大夫捏造出来替自己遮丑的胡说。事实上恰是相反的：凡富于创造性的人必敏于模仿，凡不善模仿的人决不能创造。创造是一个最误人的名词，其实创造只是模仿到十足时的一点点新花样。古人说的最好："太阳之下，没有新的东西。"一切所谓创造都从模仿出来。我们不要被新名词骗了。新名词的模仿就是旧名词的"学"字；"学之为言效也"是一句不磨的老话。例如学琴，必须先模仿琴师弹琴；学画必须先模仿画师作画；就是画自然界的景物，也是模仿。模仿熟了，就是学会了，工具用的熟了，方法练的细密了，有天才的人自然会"熟能生巧"，这一点工夫到时的奇巧新花样就叫做创造。凡不肯模仿，就是不肯学人的长处。不肯学如何能创造？葛理略（今译伽利略）（Galileo）听说荷兰有个磨镜匠人做成了一座望远镜，他就依他听说的造法，自己制造了一座望远镜。这就是模仿，也就是创造。从十七世纪初年到如今，望远镜和显微镜都年年有进步，可是这三百年的进步，步步是模仿，也步步是创造。一切进步都是如此：没有一件创造不是先从模仿下手的。孔子说的好：

三人行，必有我师焉：择其善者而从之，其不善者而改之。

这就是一个圣人的模仿。懒人不肯模仿，所以决不会创造。一个民族也和个人一样，最肯学人的时代就是那个民族最伟大的时代；等到他不肯学人的时候，他的盛世已过去了，他已走上衰老僵化的时期了。我们中华民族最伟大的时代，正是我们最肯模仿四邻的时代：从汉到唐、宋，一切建筑、绘画、雕刻、音乐、宗教、思想、算学、天文、工艺，哪一件里没有模仿外国的重要成分？佛教和他带来的美术建筑，不用说了。从汉朝到今日，我们的历法改革，无一次不是采用外国的新法；最近三百年的历法是完全学西洋的，更不用说了。到了我们不肯学人家的好处的时候，我们的文化也就不进步了。

第二，我们不可轻视日本人的模仿。寿生先生也犯了一般人轻视日本的恶习惯，抹杀日本人善于模仿的绝大长处。日本的成功，正可以证明我

胡适谈读书与做人

在上文说的"一切创造都从模仿出来"的原则。寿生说：

> 从唐以至日本明治维新，千数百年间，日本有一件事足为中国取镜者吗？中国的学术思想在她手里去发展改进过吗？我们实无法说有。

这又是无稽的诬告了。三百年前，朱舜水到日本，他居留久了，能了解那个岛国民族的优点，所以他写信给中国的朋友说，日本的政治虽不能上比唐、虞，可以说比得上三代盛世。这一个中国大学者在长期寄居之后下的考语，是值得我们的注意的。日本民族的长处全在他们肯一心一意的学别人的好处。他们学了中国的无数好处，但始终不曾学我们的小脚、八股文、鸦片烟。这不够"为中国取镜"吗？他们学别国的文化，无论在哪一方面，凡是学到家的，都能有创造的贡献。这是必然的道理。浅见的人都说日本的山水人物画是模仿中国的；其实日本画自有他的特点，在人物方面的成绩远胜过中国画，在山水方面也没有走上四王的笨路。在文学方面，他们也有很大的创造。近年已有人赏识日本的小诗了。我且举一个大家不甚留意的例子。文学史家往往说日本的《源氏物语》等作品是模仿中国唐人的小说《游仙窟》等书的。现今《游仙窟》已从日本翻印回中国来了，《源氏物语》也有了英国人卫来先生（Arthur Waley）的五巨册的译本。我们若比较这两部书，就不能不惊叹日本人创造力的伟大。如果《源氏》真是从模仿《游仙窟》出来的，那真是徒弟胜过师傅千万倍了！寿生先生原文里批评日本的工商业，也是中了成见的毒。日本今日工商业的长脚发展，虽然也受了生活程度比人低和货币低落的恩惠，但他的根基实在是全靠科学与工商业的进步。今日大阪与兰肯歇的竞争，骨子里还是新式工业与旧式工业的竞争。日本今日自造的纺织器是世界各国公认为最新最良的。今日英国纺织业也不能不购买日本的新机器了，这是从模仿到创造的最好的例子。不然，我们工人的工资比日本更低，货币平常也比日本钱更贱，为什么我们不能"与他国资本家抢商场"呢？我们到了今日，若还要抹煞事实，笑人模仿，而自居于"富于创造性者"的不屑模仿，那真是盲目的夸大狂了。

　　第三，再看看"我们的固有文化"是不是真的"太丰富了"。寿生和其他夸大本国固有文化的人们，如果真肯平心想想，必然也会明白这句话也是无根的乱谈。这个问题太大不是这篇短文里所能详细讨论的，我只能指出这个比较重要之点，使人明白我们的固有文化实在是很贫乏的，谈不到"太丰富"的梦话。近代的科学文化，工业文化，我们可以撇开不谈，因为在那些方面，我们的贫乏未免太丢人了。我们且谈谈老远的过去时代罢。我们的周秦时代当然可以和希腊、罗马相提并论，然而我们如果平心研究希腊、罗马的文学，雕刻，科学，政治，单是这四项就不能不使我们感觉我们的文化的贫了。尤其是造形美术与算学的两方面，我们真不能不低头愧汗。我们试想想，《几何原本》的作者欧几里得（Euclid）正和孟子先后同时；在那么早的时代，在二千多年前，我们在科学上早已太落后了！（少年爱国的人何不试拿《墨子·经上》篇里的三五条几何学界说来比较《几何原本》？）从此以后，我们所有的，欧洲也都有；我们所没有的，人家所独有的，人家都比我们强。试举一个例子：欧洲有三个一千年的大学，有许多个五百年以上的大学，至今继续存在，继续发展。我们有没有？至于我们所独有的宝贝，骈文、律诗、八股、小脚、太监、姨太太，五世同居的大家庭，贞节牌坊，地狱活现的监狱，廷杖，板子夹棍的法庭，……虽然"丰富"，虽然"在这世界无不足以单独成一系统"，究竟都是使我们抬不起头来的文物制度。即如寿生先生指出的"那更光辉万丈"的宋、明理学，说起来也真正可怜！讲了七八百年的理学，没有一个理学圣贤起来指出裹小脚是不人道的野蛮行为，只见大家崇信"饿死事极小，失节事极大"的吃人礼教：请问那万丈光辉究竟照耀到哪里去了？

　　以上说的，都只是略略指出寿生先生代表的民族信心是建筑在散沙上面，禁不起风吹草动，就会倒塌下来的。信心是我们需要的，但无根据的信心是没有力量的。

　　可靠的民族信心，必须建筑在一个坚固的基础之上，祖宗的光荣自是祖宗之光荣，不能救我们的痛苦羞辱。何况祖宗所建的基业不全是光荣呢？我们要指出：我们的民族信心必须站在"反省"的唯一基础之上。反省就是要闭门思过，要诚心诚意的想，我们祖宗的罪孽深重，我们自己的罪孽深重；要认清了罪孽所在，然后我们可以用全副精力去消灾灭罪。寿生先生引了一句"中国不亡是无天理"的悲叹词句，他也许不知道这句伤心的话是我十三四年前在中央公园后面柏树下对孙伏园先生说的，第二天被他记在《晨报》上，就流传至今。我说出那句话的目的，不是要人消极，是要人反省；不是要人灰心，是要人起信心，发下大弘誓来忏悔，来替祖宗忏悔，替我们自己忏悔；要发愿造新因来替代旧日种下的恶因。

今日的大患在于全国人不知耻。所以不知耻者，只是因为不曾反省。一个国家兵力不如人，被人打败了，被人抢夺了一大块土地去，这不算是最大的耻辱。一个国家在今日还容许整个的省份遍种鸦片烟，一个政府在今日还要依靠鸦片烟的税收——公卖税，吸户税，烟苗税，过境税——来做政府的收入的一部分，这是最大的耻辱。一个现代民族在今日还容许他们的最高官吏公然提倡什么"时轮金刚法会"，"息灾利民法会"，这是最大的耻辱。一个国家有五千年的历史，而没有一个四十年的大学，甚至于没有一个真正完备的大学，这是最大的耻辱。一个国家能养三百万不能捍卫国家的兵，而至今不肯计划任何区域的国民义务教育，这是最大的耻辱。

真诚的反省自然发生与真诚的愧耻。孟子说的好："不耻不若人，何若人有？"真诚的愧耻自然引起向上的努力，要发弘愿努力学人家的好处，铲除自家的罪恶。经过这种反省与忏悔之后，然后可以起新的信心：要信仰我们自己正是拨乱反正的人，这个担子必须我们自己来挑起。三四十年的天足运动已经差不多完全铲除了小脚的风气：从前大脚的女人要装小脚，现在小脚的女人要装大脚了。风气转移的这样快，这不够坚定我们的自信心吗？

历史的反省自然使我们明了今日的失败都因为过去的不努力，同时也可以使我们格外明了"种瓜得瓜,种豆得豆"的因果铁律。铲除过去的罪孽只是割断已往种下的果。我们要收新果,必须努力造新因。祖宗生在过去的时代,他们没有我们今日的新工具,也居然能给我们留下了不少的遗产。我们今日有了祖宗不曾梦见的种种新工具,当然应该有比祖宗高明千百倍的成绩,才对得起这个新鲜的世界。日本一个小岛国,那么贫瘠的土地,那么少的人民,只因为伊藤博文,大久保利通,西乡隆盛等几十个人的努力,只因为他们肯拼命的学人家,肯拼命的用这个世界的新工具,居然在半个世纪之内一跃而为世界三五大强国之一。这不够鼓舞我们的信心吗?

反省的结果应该使我们明白那五千年的精神文明,那"光辉万丈"的宋、明理学,那并不太丰富的固有文化,都是无济于事的银样蜡枪头。我们的前途在我们自己的手里。我们的信心应该望在我们的将来。我们的将来全靠我们下什么种,出多少力。"播了种一定会有收获,用了力决不至于白费":这是翁文灏先生要我们有的信心。

赠与今年的大学毕业生

　　这一两个星期里，各地的大学都有毕业的班次，都有很多的毕业生离开学校去开始他们的成人事业。学生的生活是一种享有特殊优待的生活，不妨幼稚一点，不妨吵吵闹闹，社会都能纵容他们，不肯严格的要他们负行为的责任。现在他们要撑起自己的肩膀来挑他们自己的担子了。在这个国难最紧急的年头，他们的担子真不轻！我们祝他们的成功，同时也不忍不依据我们自己的经验，赠与他们几句送行的赠言，——虽未必是救命毫毛，也许作个防身的锦囊罢！

　　你们毕业之后，可走的路不出这几条：绝少数的人还可以在国内或国外的研究院继续作学术研究；少数的人可以寻着相当的职业；此外还有做官，办党，革命三条路；此外就是在家享福或者失业闲居了。第一条继续求学之路，我们可以不讨论。走其余几条路的人，都不能没有堕落的危险。堕落的方式很多，总括起来，约有这两大类：

　　第一是容易抛弃学生时代的求知识的欲望。你们到了实际社会里，往往所用非所学，往往所学全无用处，往往可以完全用不着学问，而一样可以胡乱混饭吃，混官做。在这种环境里，即使向来抱有求知识学问的决心的人，也不免心灰意懒，把求知的欲望渐渐冷淡下去。况且学问是要有相

下卷　胡适谈做人

当的设备的；书籍，试验室，师友的切磋指导，闲暇的工夫，都不是一个平常要糊口养家的人所能容易办到的。没有做学问的环境，又谁能怪我们抛弃学问呢？

第二是容易抛弃学生时代的理想的人生的追求。少年人初次与冷酷的社会接触，容易感觉理想与事实相去太远，容易发生悲观和失望。多年怀抱的人生理想，改造的热诚，奋斗的勇气，到此时候，好像全不是那么一回事。渺小的个人在那强烈的社会炉火里，往往经不起长时期的烤炼就熔化了，一点高尚的理想不久就幻灭了。抱着改造社会的梦想而来，往往是弃甲曳兵而走，或者做了恶势力的俘虏。你在那俘虏牢狱里，回想那少年气壮时代的种种理想主义，好像都成了自误误人的迷梦！从此以后，你就甘心放弃理想人生的追求，甘心做现成社会的顺民了。

要防御这两方面的堕落，一面要保持我们求知识的欲望，一面要保持我们对于理想人生的追求。有什么好法子呢？依我个人的观察和经验，有三种防身的药方是值得一试的。

第一个方子只有一句话："总得时时寻一两个值得研究的问题！"问题是知识学问的老祖宗；古今来一切知识的产生与积聚，都是因为要解答问题，——要解答实用上的困难或理论上的疑难。所谓"为知识而求知识"，其实也只是一种好奇心追求某种问题的解答，不过因为那种问题的性质不必是直接应用的，人们就觉得这是"无所为"的求知识了。我们出学校之后，离开了做学问的环境，如果没有一个两个值得解答的疑难问题在脑子里盘旋，就很难继续保持追求学问的热心。可是，如果你有了一个真有趣的问题天天逗你去想他，天天引诱你去解决他，天天对你挑衅笑你无可奈何他，——这时候，你就会同恋爱一个女子发了疯一样，坐也坐不下，睡也睡不安，没工夫也得偷出工夫去陪她，没钱也得撙衣节食去巴结她。没有书，你自会变卖家私去买书；没有仪器，你自会典押衣服去置办仪器；没有师友，你自会不远千里去寻师访友。你只要能时时有疑难问题来逼你用脑子，你自然会保持发展你对学问的兴趣，即使在最贫乏的智识

193

胡适谈读书与做人

环境中，你也会慢慢的聚起一个小图书馆来，或者设置起一所小试验室来。所以我说：第一要寻问题。脑子里没有问题之日，就是你的智识生活寿终正寝之时！古人说，"待文王而兴者，凡民也。若夫豪杰之士，虽无文王犹兴"。试想葛理略（Calileo）（今译伽利略）和牛敦（Newton）（今译牛顿）有多少藏书？有多少仪器？他们不过是有问题而已。有了问题而后，他们自会造出仪器来解答他们的问题。没有问题的人们，关在图书馆里也不会用书，锁在试验室里也不会有什么发现。

第二个方子也只有一句话："总得多发展一点非职业的兴趣。"离开学校之后，大家总得寻个吃饭的职业。可是你寻得的职业未必就是你所学的，或者未必是你所心喜的，或者是你所学而实在和你的性情不相近的。在这种状况之下，工作就往往成了苦工，就不感觉兴趣了。为糊口而作那种非"性之所近而力之所能勉"的工作，就很难保持求知的兴趣和生活的理想主义。最好的救济方法只有多多发展职业以外的正当兴趣与活动。一个人应该有他的职业，又应该有他的非职业的顽艺儿，可以叫做业余活动。凡一个人用他的闲暇来做的事业，都是他的业余活动。往往他的业余活动比他的职业还更重要，因为一个人的前程往往全靠他怎样用他的闲暇时间。他用他的闲暇来打马将，他就成个赌徒；你用你的闲暇来做社会服务，你也许成个社会改革者；或者你用你的闲暇去研究历史，你也许成个史学家。你的闲暇往往定你的终身。英国十九世纪的两个哲人，弥尔（J. S. Mill）（今译密尔）终身做东印度公司的秘书，然而他的业余工作使他在哲学上，经济学上，政治思想史上都占一个很高的位置；斯宾塞（Spencer）是一个测量工程师，然而他的业余工作使他成为前世纪晚期世界思想界的一个重镇。古来成大学问的人，几乎没有一个不是善用他的闲暇时间的。特别在这个组织不健全的中国社会，职业不容易适合我们性情，我们要想生活不苦痛或不堕落，只有多方发展业余的兴趣，使我们的精神有所寄托，使我们的剩余精力有所施展。有了这种心爱的顽艺儿，你就做六个钟头的抹桌子工夫也不会感觉烦闷了，因为你知道，抹了六点钟

下卷　胡适谈做人

的桌子之后，你可以回家去做你的化学研究，或画完你的大幅山水，或写你的小说戏曲，或继续你的历史考据，或做你的社会改革事业。你有了这种称心如意的活动，生活就不枯寂了，精神也就不会烦闷了。

第三个方子也只有一句话："你总得有一点信心。"我们生当这个不幸的时代，眼中所见，耳中所闻，无非是叫我们悲观失望的。特别是在这个年头毕业的你们，眼见自己的国家民族沉沦到这步田地，眼看世界只是强权的世界，望极天边好像看不见一线的光明，——在这个年头不发狂自杀，已算是万幸了，怎么还能够希望保持一点内心的镇定和理想的信任呢？我要对你们说：这时候正是我们要培养我们的信心的时候！只要我们有信心，我们还有救。古人说："信心（Faith）可以移山。"又说："只要工夫深，生铁磨成绣花针。"你不信吗？当拿破仑的军队征服普鲁士占据柏林的时候，有一位穷教授叫做菲希特（Fichte）的，天天在讲堂上劝他的国人要有信心，要信仰他们的民族是有世界的特殊使命的，是必定要复兴的。菲希特死的时候（1814年），谁也不能预料德意志统一帝国何时可以实现。然而不满五十年，新的统一的德意志帝国居然实现了。

一个国家的强弱盛衰，都不是偶然的，都不能逃出因果的铁律。我们今日所受的苦痛和耻辱，都只是过去种种恶因种下的恶果。我们要收将来的善果，必须努力种现在的新因。一粒一粒的种，必有满仓满屋的收，这是我们今日应该有的信心。

我们要深信：今日的失败，都由于过去的不努力。

我们要深信：今日的努力，必定有将来的大收成。

佛典里有一句话："福不唐捐。"唐捐就是白白的丢了。我们也应该说："功不唐捐！"没有一点努力是会白白的丢了的。在我们看不见想不到的时候，在我们看不见想不到的方向，你瞧！你下的种子早已生根发叶开花结果了！

你不信吗？法国被普鲁士打败之后，割了两省地，赔了五十万万佛郎的赔款。这时候有一位刻苦的科学家巴斯德（Pasteur）终日埋头在他的试验室里做他的化学试验和微菌学研究。他是一个最爱国的人，然而他深信只有科学可以救国。他用一生的精力证明了三个科学问题：（一）每一种发酵作用都是由于一种微菌的发展；（二）每一种传染病都是由于一种微菌在生物体中的发展；（三）传染病的微菌，在特殊的培养之下，可以减轻毒力，使它从病菌变成防病的药苗。——这三个问题，在表面上似乎都和救国大事业没有多大的关系。然而从第一个问题的证明，巴斯德定出做醋酿酒的新法，使全国的酒醋业每年减除极大的损失。从第二个问题的证明，巴斯德教全国的蚕丝业怎样选种防病，教全国的畜牧农家怎样防止牛羊瘟疫，又教全世界的医学界怎样注重消毒以减除外科手术的死亡率。从第三个问题的证明，巴斯德发明了牲畜的脾热瘟的疗治药苗，每年替法国农家减除了二千万佛郎的大损失；又发明了疯狗咬毒的治疗法，救济了无数的生命。所以英国的科学家赫胥黎（Huxley）在皇家学会里称颂巴斯德的功绩道："法国给了德国五十万万佛郎的赔款，巴斯德先生一个人研究科学的成绩足够还清这一笔赔款了。"

　　巴斯德对于科学有绝大的信心，所以他在国家蒙奇辱大难的时候，终不肯抛弃他的显微镜与试验室。他绝不想他的显微镜底下能偿还五十万万佛郎的赔款，然而在他看不见想不到的时候，他已收获了科学救国的奇迹了。

　　朋友们，在你最悲观最失望的时候，那正是你必须鼓起坚强的信心的时候。你要深信：天下没有白费的努力。成功不必在我，而功力必不唐捐。

下卷　胡适谈做人

差不多先生传

你知道中国最有名的人是谁?

提起此人,人人皆晓,处处闻名。他姓差,名不多,是各省各县各村人氏。你一定见过他,一定听过别人谈起他。差不多先生的名字天天挂在大家的口头,因为他是中国全国人的代表。

差不多先生的相貌和你和我都差不多。他有一双眼睛,但看得不很清楚;有两只耳朵,但听得不很分明;有鼻子和嘴,但他对于气味和口味都不很讲究。他的脑子也不小,但他的记性却不很精明,他的思想也不很细密。

他常常说:"凡事只要差不多,就好了。何必太精明呢?"

他小的时候,他妈叫他去买红糖,他买了白糖回来。他妈骂他,他摇摇头说:"红糖白糖不是差不多吗?"

他在学堂的时候,先生问他:"直隶省的西边是哪一省?"他说是陕西。先生说:"错了。是山西,不是陕西。"他说:"陕西同山西,不是差不多吗?"

后来他在一个钱铺里做伙计;他也会写,也会算,只是总不会精细。十字常常写成千字,千字常常写成十字。掌柜的生气了,常常骂他。他只是笑嘻嘻地赔小心道:"千字比十字只多一小撇,不是差不多吗?"

有一天，他为了一件要紧的事，要搭火车到上海去。他从从容容地走到火车站，迟了两分钟，火车已开走了。他白瞪着眼，望着远远的火车上的煤烟，摇摇头道："只好明天再走了，今天走同明天走，也还差不多。可是火车公司未免太认真了。八点三十分开，同八点三十二分开，不是差不多吗？"他一面说，一面慢慢地走回家，心里总不明白为什么火车不肯等他两分钟。

有一天，他忽然得了急病，赶快叫家人去请东街的汪医生。那家人急急忙忙地跑去，一时寻不着东街的汪大夫，却把西街牛医王大夫请来了。差不多先生病在床上，知道寻错了人；但病急了，身上痛苦，心里焦急，等不得了，心里想道："好在王大夫同汪大夫也差不多，让他试试看罢。"于是这位牛医王大夫走近床前，用医牛的法子给差不多先生治病。不上一点钟，差不多先生就一命呜呼了。

差不多先生差不多要死的时候，一口气断断续续地说道："活人同死人也差……差……差不多，凡事只要……差……差……不多……就……好了，何……何……必……太……太认真呢？"他说完了这句格言，方才绝气了。

他死后，大家都很称赞差不多先生样样事情看得破，想得通；大家都说他一生不肯认真，不肯算账，不肯计较，真是一位有德行的人。于是大家给他取个死后的法号，叫他做圆通大师。

他的名誉越传越远，越久越大。无数无数的人都学他的榜样。于是人人都成了一个差不多先生。——然而中国从此就成为一个懒人国了。

下卷　胡适谈做人

拜金主义

吴稚晖先生在今年5月底曾对我说："适之先生，你千万再不要提倡那害人误国的国故整理了。现在最要紧的是要提倡一种纯粹的拜金主义。"

我因为个人兴趣上的关系，大概还不能完全抛弃国故的整理。但对于他说的拜金主义的提倡，我却表示二十四分的赞成。

拜金主义并没有什么深奥的教旨，吴稚晖先生在他的《一个新信仰的宇宙观与人生观》里，曾发挥过这种教义。简单说来，拜金主义只有三个信条：

第一，要自己能挣饭吃。

第二，不可抢别人的饭吃。

第三，要能想出法子来，开出生路来，叫别人有挣饭吃的机会。

《珠砂痣》里有一句说白："原来银子是一件好宝贝。"这就是拜金主义的浅说。银子为什么是一件好宝贝呢？因为没有银子便是贫穷，贫穷便是一切罪恶的来源。《珠砂痣》里那个男子因为贫穷，便肯卖妻子，卖妻子便是一桩罪恶。你仔细想想，哪一件罪恶不是由于贫穷的？小偷，大盗，扒儿手，绑票，卖娼，贪贼，卖国，哪一件不是由于贫穷？

所以古人说：

衣食足而后知荣辱，

> 仓廪实而后知礼节。

这便是拜金主义的人生观。

一班瞎了眼睛，迷了心头孔的人，不知道人情是什么，偏要大骂西洋人，尤其是美国人，骂他们"崇拜大拉"（Worship the dollar）！你要知道，美国人因为崇拜大拉，所以已经做到了真正"夜不闭户，路不拾遗"的理想境界了。（几个大城市里自然还有罪恶，但乡间真能夜不闭户，路不拾遗是西洋的普遍现状。）

我们不配骂人崇拜大拉；请回头看看我们自己崇拜的是什么！

一个老太婆，背着一只竹箩，拿着一根铁扦，天天到弄堂里去扒垃圾堆，去寻找那垃圾堆里一个半个没有烧完的煤球，一寸两寸稀烂奇脏的破布。——这些人崇拜的是什么！

要知道，这种人连半个没有烧完的煤球也不肯放过，还能有什么"道德"，"牺牲"，"廉洁"，"路不拾遗"？

所以现今的要务是要充分提倡拜金主义，提倡人人要能挣饭吃。

上海青年会里的朋友们现在办了一种职业学校，要造成一些能自己挣饭吃的人才，这真是大做好事，功德无量。我想社会上一定有些假充道学的人，嫌这个学校的拜金气味太重，所以写这篇短文，预先替他们做点辩护。

下卷　胡适谈做人

学生与社会（节选）

  在文明的国家，学生与社会的特殊关系，当不大显明，而学生所负的责任，也不大很重。惟有在文明程度很低的国家，如像现在的中国，学生与社会的关系特深，所负的改良的责任也特重。这是因为学生是受过教育的人，中国现在受过完全教育的人，真不足千分之一，这千分之一受过完全教育的学生，在社会上所负的改良责任，岂不是比全数受过教育的国家的学生，特别重大吗？

  教育是给人戴一副有光的眼镜，能明白观察；不是给人穿一件锦绣的衣服，在人前夸耀。未受教育的人，是近视眼，没有明白的认识，远大的视力；受了教育，就是近视眼戴了一副近视镜，眼光变了，可以看明清楚远大。学生读了书，造下学问，不是为要到他的爸爸面前，要吃肉菜，穿绸缎；是要认他爸爸认不得的，替他爸爸说明，来帮他爸爸的忙。他爸爸不知道肥料的用法，土壤的选择，他能知道，告诉他爸爸，给他爸爸制肥料，选土壤，那他家中的收获，就可以比别人家多出许多了。

  从前的学生都喜欢戴平光的眼镜，那种平光的眼镜戴如不戴，不是教育的结果。教育是要人戴能看从前看不见，并能看人家看不见的眼镜。我说社会的改良，全靠个人，其实就是靠这些戴近视镜，能看人所看不见的个人。

从前眼镜铺不发达，配眼镜的机会少，所以近视眼，老是近视看不远。现在不然了，戴眼镜的机会容易的多了，差不多是送上门来，让你去戴。若是我们不配一副眼镜戴，那不是自弃吗？若是仅戴一副看不清，看不远的平光镜，那也是可耻的事呀。

这是一个比喻，眼镜就是知识，学生应当求知识，并应当求其所要的知识。

戴上眼镜，往往容易招人家厌恶。从前是近视眼，看不见人家脸上的麻子，戴上眼镜，看见人家脸上有麻子，就要说："你是个麻子脸。"有麻子的人，多不愿意别人说他的麻子。要听见你说他是麻子，他一定要骂你，甚而或许打你。这一改意思，就是说受过教育，就认识清社会的恶习，而发不满意的批评。这种不满意社会的批评，最容易引起社会的反感。但是人受教育，求知识，原是为发现社会的弊端，若是受了教育，而对于社会仍是处处觉得满意，那就是你的眼镜配错了光了，应该返回去审查一审查，重配一副光度合适的才好。

从前格里林（今译伽利略）因人家造的望远镜不适用，他自己造了一个扩大几百倍的望远镜，能看木星现象。他请人来看，而社会上的人反以为他是魔术迷人，骂他为怪物，革命党，几乎把他弄死。他惟其不屈不挠，不可抛弃他的学说，停止他的研究，而望远镜竟成为今日学问上、社会上重要的东西了。

总之，第一要有知识，第二要有图书。若是没骨子便在社会上站不住。有骨子就是有奋斗精神，认为是真理，虽死不畏，都要去说去做。不以我看见我知道而已，还要使一班人都认识，都知道。由少数变为多数，由多数变为大多数，使一班人都承认这个真理。譬如现在有人反对修铁路，铁路是便利交通，有益社会的，你们应该站在房上喊叫宣传，使人人都知道修铁路的好处。若是有人厌恶你们，阻挡你们，你们就要拿出奋斗的精神，与他抵抗，非把你们的目的达到。不止你们的喊叫宣传，这种奋斗的精神，是改造社会绝不可少的。

下卷 胡适谈做人

二十年前的革命家，现在哪里去了？他们的消灭不外两个原因：一，眼镜不适用了。二十年前的康有为是一个出风头的革命家，不怕死的好汉子。现在人都笑他为守旧，老古董，都是由他不去把不适用的眼镜换一换的缘故。二，无骨子。有一班革命家，骨子软了，人家给他些钱，或给他一个差事，教他不要干，他就不敢干了。没有一种奋斗精神，不能拿出"你不要我干，我偏要干"的决心，所以都消灭了。

我们学生应当注意的就是这两点：眼镜的光若是不对了，就去换一副对的来戴；摸着脊骨软了，要吃一点硬骨药。

我的话讲完了，现在讲一个故事来作结，易卜生所作的"国民公敌"一剧，写一个医生司铎门发现了本地浴场的水里有传染病菌，他还不敢自信，请一位大学教授代为化验，果然不错。他就想要去改良他。不料浴场董事和一班股东因为改造浴池要耗费资本，拼死反对，他的老大哥与他的老丈人也都多方的以情感利诱，但他总是不可软化。他于万分困难之下设法开了一个公民会议，报告他的发明。会场中的人不但不听他的老实话，还把他赶出场去，裤子撕破，宣告他为国民公敌。他气愤不过，说："出去争真理，不要穿好裤子。"他是真有奋斗精神，能够特立独行的人，于这种逼迫之下还是不少退缩。他说："世界最有强力的人就是那最孤立的人。"我们要改良社会，就要学这"争真理不穿好裤子"的态度，相信这"最孤立的人是最有强力的人"的名言。

中学生的修养与择业

刚才吴县长报告了五十八年前我在此地的一段历史——我在三岁至四岁间，随先人在台东住过一年多，在台南住过十个月——要我把台东看作第二家乡；昨天台南市市长也向台南市市民介绍我是台南人；这番盛意，我非常感谢！吴县长预备在这里要做纪念我先人的举动，实在不敢当。明天举行县议员选举，我将以不是候选人也不是选举人，冒充同乡，到各投票所去参观。

今天我看到了吴县长老太太，看到了她，我非常感动，她可算台东年龄最高的了，她与先母年龄相当，先母如在世，已经有七十九岁了。

我到这里不久，与县长、教育科长、校长等几位谈话，知道了台东的教育是在异常困难的情况下来推进的，我非常敬佩他们艰苦不移紧守岗位的坚毅意志，本来教育厅陈雪屏厅长预备与我们同来的，因台北有事，临时由台南赶回去了，不过教育厅还有一位视察杨日旭先生是同来的，我已经特地要他到各校去视察，并将视察结果报告教育厅，以使省府对台东的教育情形有所了解。

今天我应该讲些什么？事先曾请教吴县长，师范刘校长和同来的几位朋友，他们以今天到场的大多数是青年朋友们，也有青年朋友们的父兄，因此要我讲讲中等教育的东西。同时，我到过的地方，许多朋友常常问我

下卷　胡适谈做人

中学生应注重什么？中学毕业后，升学的应该怎样选科？到社会里去的应该怎样择业？我是不懂教育的，不过年纪大些，并且自己也是经过中学大学出来的，同时看到朋友们与我们自己的子弟经过中学，得到一点认识，愿意将自己的认识提出来供大家的参考，今天讲的题目，就是："中学生的修养与中学生的择业"。

中学生的修养应注重两点：

（一）工具的求得

中学生大概是从十二岁的幼年到十八岁的青年，这个时期是决定他将来最重要的一个时期。求知识与做人、做事的工具，要在这个时期求得。古人说："工欲善其事，必先利其器"，中学生要将来有成就，便应该注意到"求工具"——学业上、事业上，求知识所需要的工具。求工具的目标有二：一是中学毕业后无力升学要到社会里去就业；一是继续升学。

第一种工具是言语文字。不论就业升学，以我个人的经验和观察所得，语言文字是最需要的工具。在中学里不仅应该学好本国的语言文字，最好能多学一二种外国的语言文字。它是就业升学的钥匙，能为我们打开知识的门。多学得一种语言，等于辟开一个新的花园、新的世界。语言文字，可以说是中学时期应该求得的工具当中非常重要的了。在中学时期如果没有打好语言文字的基础，以后作学问非常的困难。而且过了这个时期，很少能够把语言文字弄好的。

第二种工具是科学的基本知识。许多人都说学了数学，将来没有什么用处，这是错误的。数学是自然科学重要的钥匙，如果不能把这个重要的钥匙——数学，与物理学、化学、生物学、矿物学、植物学等，在中学时期学好，则不能求得新的知识。所以中学时期最重要的，是把这些基本知识弄好。

青年们在学校里对于各种基本科学，不能当他是功课，是学校课程里面需要的功课，应该把它当成求知识、做学问、做人的工具，必不可少的工具。拿工具这个观念来看课程，课程便活了。拿工具这个观念来批评课程，可以得到一个标准。首先看看哪些功课够得上作工具，并分出哪些功课是求知识做学问的工具，哪些功课是做人的工具。哪些功课是重要，那些功课是次要。同时拿工具这个观念来督促自己，来分别轻重缓急，先生的教法，也可以拿工具这个观念来衡量，哪种教法是死的笨的，请先生改良，哪些应该特别注重，请先生注意。我这个话，不是叫学生对先生造反，而是请先生以工具来教，不要死板的照课本讲，这样推动先生，可以使得先生从没有精神提起精神，不是造反而是教学相长，不把功课当作功课看，把它当作必须的工具看。拿工具的观念看功课，功课便是活的。这一点也可以说是中学生治学的方法。

（二）良好习惯的养成

良好习惯的养成，即普通所谓的人品教育，品性人格的陶冶。教育学家心理学家都告诉我们说：人品性格是习惯的养成，好的品格是好的习惯养成。中学生是定型的阶段，中学生时期与其注重治学方法，毋宁提倡良好习惯的养成。一个人的坏习惯在中学还可纠正，假使在中学里不能养成良好的习惯，这个人的前途便算完了，在大学里不会是个好学生，在社会里不会是个有用的人才。我愿在这里提醒青年学生们的注意，也请学生的父兄教师们注意。

我们的国家以前专注重文字教育，读书人的指甲蓄得很长，手脸都是白白的，行动是文绉绉的，读书可以从"学而时习之"背诵起，写文章摇摇摆摆地会写出许多好听的词句来，可是他们是无用的，不能动手，也不能动脚，连桌凳有一点坏了，也不能拿起斧头钉子来修理。这种只能背书写文章的读书人就是没有养成良好的习惯——动手动脚的习惯。

我在台湾大学讲"治学方法"时，讲到一个故事：宋时有一新进士请教老前辈做官的秘诀，老前辈告诉他四个字："勤谨和缓。"这四个字，大家称为做官秘诀，我把它看作做人、做事、做学问的秘诀。简单的分别说：

勤，就是不偷懒，不走捷径，要切切实实，辛辛苦苦的去做。要用

下卷 胡适谈做人

眼睛的用眼睛,用手的用手,用脚的用脚。先生叫你找材料,你就到应该到的地方去找。叫你找标本,你就到田野,到树林里去找,无论在实验室里,自然界里,都不要偷懒,一点一滴的去做。

谨,就是谨慎,不粗心,不苟且。以江浙的俗话来说,不拆烂污。写字,一点、一横都不放过。写外国字,"i"的一点,"t"的一横,也一样的不放过。作数学,一个圈,一个小数点都不可苟且。不要以为这是小事情,作事关系天下的大事,作学问关系成败,所以细心谨慎,是必须要养成的习惯。

和,就是不要发脾气,不要武断。要虚心,要和和平平。什么叫做虚心?脑筋不存成见,不以成见来观察事,不以成见来对待人。就作学问来说:要以心平气和的态度来作化学、数学、历史、地理,并以心平气和的态度来学语文。无论对事、对人、对物、对问题、对真理,完全是虚心的,这叫做和。

缓,这个字很重要,缓的意思不要忙,不轻易下一个结论。如果没有缓的习惯,前面三个字都不容易做到。譬如找证据,这是很难的工作,如果要几点钟缴卷,就不能做到勤的工夫。忙于完成,证据不够,不管它了,这样就不能做到谨的工夫。匆匆忙忙的去做,当然不能做到和的工夫。所以证据不够,应该悬而不断,就是姑且挂在那里,悬而不断,并不是叫你搁下来不管,是要你勤,要你谨,要你和。缓,就是南方人说的"凉凉去吧",缓的意思,是要等着找到了充分的证据,然后根据事实来下判断。无论作学问、作事、作官、作议员,都是一样的。大家知道治花柳病的名药"六〇六"吧?什么叫"六〇六"呢?经过六百零六次的试验才成功的。"九一四"则试验了九百一十四次,达尔文的生物进化论,认为动植物的生存进化与环境有绝大的关系,也费了三十年的工夫,到四海去搜集标本和研究,并与朋友们往复讨论。朋友们都劝他发表,他仍然不肯。后来英国皇家学会收到另一位科学家华莱士的论文,其结论与达尔文的一样,朋友们才逼着达尔文把研究的结论公布,并提出与朋友们讨论的信件,来证明他早已获得结论,于是皇家学会才决定同华莱士的论文同时发表,达尔文这种持重的态度，不是缺点，是美德，这也是科学史上勤谨和缓的实例。值得我们去想想，作为榜样，尤其青年学生们要在中学里便养成这种好习惯。有了这种好习惯，无论是做人做事做学问，将来不怕没有成就。

中学生高中毕业后，面临的问题是继续升学或到社会去找职业。升学应如何选科？到社会去应如何择业？简单的说，有两个标准：

（一）社会的标准

社会上所需要的，最易发财的，最时髦的是什么？这便是社会的标准。台湾大学钱校长告诉我说，今年台大招生，投考学生中外文成绩好的都投考工学院，尤其是考电机工程、机械工程的特多，考文史的则很少，因为目前社会需要工程师，学成后容易得到职业而且待遇好。这种情形，在外国也是一样的，外国最吃香的学科是原子能、物理学和航空工程，干这一行的，最受欢迎，最受优待。

（二）个人的标准

所谓个人的标准，就是个人的兴趣、性情、天才近哪门学科，适于哪一行业。简单的说，能干什么。社会上需要工程师，学工程的固不忧失业，但个人的性情志趣是否与工程相合？父母兄长爱人都希望你学工程，而你的性情志趣，甚至天才，却近于诗词、小说、戏剧、文学，你如迁就父母兄长爱人之所好而去学工程，结果工程界里多了一个饭桶，国家社会失去了一个第一流的诗人、小说家、文学家、戏剧学家，不是可惜了吗？所以个人的标准比社会的标准重要。因为社会标准所需要的太多，中国人常说社会职业有三百六十行，这是以前的说法，现在何止三百六十行，也许三千六百行，三万六千行都有，三千六百行，三万六千行，行行都需要。社会上需要建筑工程师，需要水利工程师，需要电力工程师，也需要大诗人、大美术家、大法学家、大政治家，同时也需要做新式马桶的工人。能做新式马桶的，照样可以发财。社会上三万六千行，既是行行都需要，一个人决不可能会做每行的事，顶多会二三行，普通都只能会一行的。在这种情形之下，试问是社会的标准重要？还是个人的标准重要？当

下卷　胡适谈做人

然是个人的重要！因此选科择业不要太注重社会上的需要，更不要迁就父母兄长爱人的所好。爸爸要你学赚钱的职业，妈妈要你学时髦的职业，爱人要你学社会上有地位的职业，你都不要管他，只问你自己的性情近乎什么？自己的天才力量能做什么？配做什么？要根据这些来决定。

历史上在这一方面，有很好的例子。意大利的伽利略是科学的老祖宗，是新的天文学家，新的物理学家的老祖宗。他的父亲是一个数学家，当时学数学的人很倒霉。在伽利略进大学的时候（三百多年前），他父亲因不喜欢数学，所以要他学医，可是他读医科，毫无兴趣，朋友们以他的绘画还不坏，认为他有美术天才，劝他改学美术，他自己也颇以为然。有一天他偶然走过雷积教授替公爵府里面做事的人补习几何学的课室，便去偷听，竟大感兴趣，于是医学不学了，画也不学了，改学他父亲不喜欢的数学。后来替全世界创立了新的天文学、新的物理学，这两门学问都建筑于数学之上。

最后说我个人到外国读书的经过，民国前二年，考取官费留美，家兄特从东三省赶到上海为我送行，以家道中落，要我学铁路工程，或矿冶工程，他认为学了这些回来，可以复兴家业，并替国家振兴实业。不要我学文学、哲学，也不要学做官的政治法律，说这是没有用的。当时我同许多人谈谈这个问题。以路矿都不感兴趣，为免辜负兄长的期望，决定选读农科，想做科学的农业家，以农报国。同时美国大学农科，是不收费的，可以节省官费的一部分，寄回补助家用。进农学院以后第三个星期，接到实验系主任的通知，要我到该系报到实习。报到以后，他问我："你有什么农场经验？"我说："我不是种田的。"他又问我："你作什么呢？"我说："我没有做什么，我要虚心来学，请先生教我。"先生答应说："好。"接着问我洗过马没有，要我洗马。我说："我们中国种田，是用牛不是用马。"先生说："不行。"于是学洗马，先生洗一半，我洗一半。随即学驾车，也是先生套一半，我套一半。做这些实习，还觉得有兴趣。下一个星期的实习，为苞谷选种，一共有百多种，实习结果，两手起了泡，我仍能忍耐，继续下去，一个学期结束了，各种功课的成绩，都

胡适谈读书与做人

在八十五分以上。到了第二年，成绩仍旧维持到这个水准。依照学院的规定，各科成绩在八十五分以上的，可以多选两个学分的课程，于是增选了种果学。起初是剪树、接种、浇水、捉虫，这些工作，也还觉得有兴趣。在上种果学的第二星期，有两小时的实习苹果分类，一张长桌，每个位子分置了四十个不同种类的苹果，一把小刀，一本苹果分类册，学生们须根据每个苹果的长短，开花孔的深浅、颜色、形状、果味和脆软等标准，查对苹果分类册，分别其类别（那时美国苹果有四百多类，现恐有六百多类了），普通名称和学名。美国同学都是农家子弟，对于苹果的普通名称一看便知，只需在苹果分类册里查对学名，便可填表缴卷，费时甚短。我和一位郭姓同学则须一个一个的经过所有检别的手续，花了两小时半，只分类了二十个苹果，而且大部分是错的。晚上我对这种实习起了一种念头：我花了两小时半的时间，究竟是在干什么？中国连苹果种子都没有，我学它什么用处？自己的性情不相近，干吗学这个？这两个半钟头的苹果实习使我改行，于是，决定离开农科。放弃一年半的时间（这时我已上了一年半的课）牺牲了两年的学费，不但节省官费补助家用已不可能，维持学业很困难，以后我改学文科、学哲学、政治、经济、文学，在没有回国时，以前与朋友们讨论文学问题，引起了中国的文学革命运动，提倡白话，拿白话作文，作教育工具，这与农场经验没有关系，苹果学没有关系，是我那时的兴趣所在。我的玩意儿对国家贡献最大的便是文学的"玩意儿"，我所没有学过的东西。最近研究《水经注》（地理学的东西）。我已经六十二岁了，还不知道我究竟学什么？都是东摸摸、西摸摸，也许我以后还要学学水利工程亦未可知，虽则我现在头发都白了，还是无所专长，一无所成。可是我一生很快乐，因为我没有依社会需要的标准去学时髦。我服从了自己的个性，根据个人的兴趣所在去做，到现在虽然一无所成，但是我生活得很快乐，希望青年朋友们，接受我经验得来的这个教训，不要问爸爸要你学什么，妈妈要你学什么，爱人要你学什么。要问自己性情所近，能力所能做的去学。这个标准很重要，社会需要的标准是次要的。

下卷　胡适谈做人

"少年中国"的精神

上回太炎先生话里面说现在青年的四种弱点,都是很可使我们反省的。他的意思是要我们少年人:(一)不要把事情看得太容易了;(二)不要妄想凭借已成的势力;(三)不要虚慕文明;(四)不要好高骛远。这四条都是消极的忠告。我现在且从积极一方面提出几个观念,和各位同志商酌商酌。

一、少年中国的逻辑

逻辑即是思想、辩论、办事的方法:一般中国人现在最缺乏的就是一种正当的方法。因为方法缺乏,所以有下列的几种现象:(一)灵异鬼怪的迷信,如上海的盛德坛及各地的各种迷信;(二)谩骂无理的议论;(三)用诗云子曰作根据的议论;(四)把西洋古人当作无上真理的议论;还有一种平常人不很注意的怪状,我且称他为"目的热",就是迷信一些空虚的大话,认为高尚的目的。全不问这种观念的意义究竟如何。今天有人说"我主张统一和平",大家齐声喝彩,就请他做内阁总理;明天又有人说"我主张和平统一",大家又齐声叫好,就举他做大总统;此外还有什么"爱国"哪、"护法"哪、"孔教"哪、"卫道"哪……许多空虚的名词;意义不曾确定,也都有许多人随声附和,认为天经地义,这便是我所说的"目的热"；以上所说各种现象都是缺乏方法的表示。我们既然自认为"少年中国"，不可不有一种新方法；这种新方法，应该是科学的方法；科学方法，不是我在这短促时间里所能详细讨论的，我且略说科学方法的要点：

第一，注重事实。科学方法是用事实作起点的，不要问孔子怎么说，柏拉图怎么说，康德怎么说；我们须要先从研究事实下手，凡游历、调查、统计等事都属于此项。

第二，注重假设。单研究事实，算不得科学方法。王阳明对着庭前的竹子做了七天的"格物"工夫，格不出什么道理来，反病倒了，这是笨伯的"格物"方法。科学家最重"假设"（Hypothesis）。观察事物之后，自然有几个假定的意思。我们应该把每一个假设所涵的意义彻底想出，看那些意义是否可以解释所观察的事实、是否可以解决所遇的疑难。所以要博学；正是因为博学方才可以有许多假设，学问只是供给我们种种假设的来源。

第三，注重证实。许多假设之中，我们挑出一个，认为最合用的假设；但是这个假设是否真正合用？必须实地证明。有时候，证实是很容易的；有时候，必须用"试验"方才可以证实。证实了的假设，方可说是"真"的，方才可用。一切古人今人的主张、东哲西哲的学说，若不曾经过这一层证实的工夫，只可作为待证的假设，不配认作真理。

少年的中国，中国的少年，不可不时时刻刻保存这种科学的方法，实验的态度。

二、少年中国的人生观

现在中国有几种人生观都是"少年中国"的仇敌：第一种是醉生梦死的无意识生活，固然不消说了；第二种是退缩的人生观，如静坐会的人，如坐禅学佛的人，都只是消极的缩头主义；这些人没有生活的胆子，不敢冒险，只求平安，所以变成一班退缩儒夫；第三种是野心的投机主义，这种人虽不退缩，但为完全自己的私利起见，所以他们不惜利用他人，做他们自己的器具，不惜牺牲别人的人格和自己的人格，来满足自己的野心；到了紧要关头，不惜作伪，不惜作恶，不顾社会的公共幸福，以求达他们自己的目的。这三种人生观都是我们该反对的。少年中国的人生观，依我个人看来，该有下列的几种要素：

第一须有批评的精神。一切习惯、风俗、制度的改良，都起于一点批评的眼光。个人的行为和社会的习俗，都最容易陷入机械的习惯，到了"机械的习惯"的时代，样样事都不知不觉的做去，全不理会何以要这样做，只晓得人家都这样做故我也这样做。这样的个人便成了无意识的两脚机器，这样的社会便成了无生气的守旧社会，我们如果发愿要造成少年的中国，第一步便须有一种批评的精神；批评的精神不是别的，就是随时随地都要问我为什么要这样做？为什么不那样做？

第二须有冒险进取的精神。我们须要认定这个世界是很多危险的，是不太平的，是需要冒险的。世界的缺点很多，是要我们来补救的；世界的痛苦很多，是要我们来减少的；世界的危险很多，是要我们来冒险进取的，俗语说得好："成人不自在，自在不成人。"我们要做一个人，岂可贪图自在；我们要想造一个"少年的中国"，岂可不冒险；这个世界是给我们活动的大舞台，我们既上了台，便应该老着面皮，拼着头皮，大着胆子，干将起来；那些缩进后台去静坐的人都是懦夫，那些袖着双手只会看戏的人，也都是懦夫。这个世界岂是给我们静坐旁观的吗？那些厌恶这个世界、梦想超生别的世界的人，更是懦夫，不用说了。

第三须要有社会协进的观念。上条所说的冒险进取，并不是野心的，自私自利的。我们既认定这个世界是给我们活动的，又须认定人类的生活全是社会的生活，社会是有机的组织，全体影响个人，个人影响全体。社会的活动全是互助的，你靠他帮忙，他靠你帮忙，我又靠你同他帮忙，你同他又靠我帮忙；你少说了一句话，我或者不是我现在的样子，我多尽了一分力，你或者也不是你现在这个样子，我和你多尽了一分力，或少做了一点事，社会的全体也许不是现在这个样子，这便是社会协进的观念。有这个观念，我们自然把人人都看作同力合作的伴侣，自然会尊重人人的人格了；有这个观念，我们自然觉得我们的一举一动都和社会有关，自然不肯为社会造恶因，自然要努力为社会种善果，自然不致变成自私自利的野心投机家了。

少年的中国，中国的少年，不可不时时刻刻保存这种批评的、冒险进取的、社会的人生观。

三、少年中国的精神

少年中国的精神并不是别的，就是上文所说的逻辑和人生观。我且说一个故事做我这番谈话的结论：诸君读过英国史的，一定知道英国前世纪有一种宗教革新的运动，历史上称为"牛津运动"（The Oxford Movement），这种运动的几个领袖如客白尔（今译凯布勒）（Keble）、纽曼（Newman）、福鲁德（Froude）诸人，痛恨英国国教的腐败，想大大的改革一番。这个运动未起事之先，这几位领袖做了一些宗教性的诗歌写在一个册子上，纽曼摘了一句荷马的诗题在册子上，那句诗是，"You shall see the difference now that we are back again！"翻译出来即是"如今我们回来了，你们看便不同了！"

少年的中国，中国的少年，我们也该时时刻刻记着这句话：

　　如今我们回来了，你们看便不同了！

这便是少年中国的精神。

下卷　胡适谈做人

科学的人生观

今天讲的题目，就是"科学的人生观"，研究人是什么东西？在宇宙中占据什么地位？人生究竟有何意味？因为少年人近来觉得很烦闷，自杀、颓废的都有，我比较至少多吃了几斤盐，几担米，所以来计划计划，研究自身人的问题。至于人生观，各人不同，都随环境而改变，不可以一个人生观去统理一切；因为公有公理，婆有婆理，我们至少要以科学的立场，去研究它，解决它。"科学的人生观"有二个意思：第一拿科学做人生观的基础；第二拿科学的态度、精神、方法，做我们生活的态度，生活的方法。

现在先讲第一点，就是人生是什么？人生是啥物事？拿科学的研究结果来讲，我在民国十二年发表了十条，这十条就是武昌有一个主教，称为新的十诫，说我是中华基督教的危险物的。十条内容如下：

一、要知道空间的大。拿天文、物理考察，得着宇宙之大；从前孙行者翻筋斗，一翻翻到南天门，一翻翻到下界，天的观念，何等的小？现在从地球到银河中间的最近的一个星，中间距离，照孙行者一秒钟翻十万八千里的速率计算，恐怕翻一万万年也翻不到，宇宙是何等之大？地球是宇宙间的沧海之一粟，九牛之一毛；我们人类，更是小，直是不成东西的东西！以前看得人的地位太重了，以为是万物之灵，同大地并行，凡是政治不良，就有彗星、地震的征象，这是差的。从前王充很能见得到，说："一个虱子不能改变那裤子里的空气，和那人类不能改变皇天一样。"所以我们眼光要大。

二、时间是无穷的长。从地质学、生物学的研究，晓得时间是无穷之长，以前开口五千年，闭口五千年，以为目空一切；不料世界太阳系的存在，有几万万年的历史，地球也有几万万年，生物至少有几千万年，人类也有二三百万年，所以五千年占据很小的地位。明白了时间之长，就可以看见各种进步的演变，不是上帝一刻可以造成的。

三、宇宙间自然的行动。根据了一切科学，知道宇宙、万物都有一定不变的自然行动。"自是自己，然是如此"，就是自己自然如此，各物自己如此的行动，并没有一种背后的指示，或是一个主宰去规范他们。明白了这点，对于月蚀是月亮被天狗所吞的种种迷信，可以打破了。

四、物竞天择的原理。从生物学的智识，可以看到物竞天择的原理。鲫鱼下卵有几百万个，但是变鱼的，只有几个；否则就要变成，"鱼世界"了！大的吃小的，小的又吃更小的，人类都是如此。从此晓得人生不受安排，是自己如此的行动；否则要安排起来，为什么不安排一个完善的世界呢？

五、人是什么东西。从社会学、生理学、心理学方面去看，人是什么东西？吴稚晖先生说："人是两手一个大脑的动物，与其他的不同，只在程度上的区别罢了。"人类的手，与鸡、鸭的掌差不多，实是他们的弟兄辈。

六、人类是演进的。根据了人种学来看，人类是演进的；因为要应付环境，所以要慢慢的变；不变不能生存，要灭亡了。所以从下等的动物，慢慢演进到高等的动物，现在还是演进。

七、心理受因果律的支配。根据了心理学、生物学来讲，心理现状是有因果律的。思想、做梦，都受因果律的支配，是心理、生理的现象，和头痛一般；所以人的心理说是超过一切，是不对的。

八、道德、礼教的变迁。照生理学、社会学来讲，人类道德、礼教也变迁的。以前以为脚小是美观，但是现在脚小的要装大了。所以道德、礼教的观念，正在改进。以二十年、二百年或二千年以前的标准，来判断二十年、二百年、二千年后的状况，是格格不相入的。

九、各物都有反应。照物理、化学来讲，物质是活的，原子分为电子，是动的。石头倘然加了化学品，就有反应，像人打了一记，就有反动一样。不同的，只在程度不同罢了。

十、人的不朽。根据一切科学智识，人是要死的，物质上的腐败，和猫死狗死一般。但是个人不朽的工作，是功德：在立德，立功，立言。善恶都是不朽。一块痰中，有微生物，这菌能散布到空间，使空气都恶化了；人的言语，也是一样。凡是功业、思想，都能传之无穷；匹夫匹妇，都有其不朽的存在。

我们要看破了世间、时间之伟大，历史的无穷，人是最小的动物，处处都在演进，要去掉那小我的主张，但是那小小的人类，居然现在对于制度、政治各种都有进步。

以前都是拿科学去答复一切，现在要用什么方法去解决人生，就是哪哼生活？各人有各人的方法，但是，至少要有那科学的方法、精神、态度去做。分四点来讲：

一、怀疑。第一点是怀疑。三个弗相信的态度，人生问题就很多。有了怀疑的态度，就不会上当。以前我们幼时的智识，都从阿狗、阿金、阿毛等黄包车夫、娘姨处学来；但是现在自己要反省，问问以前的智识是否靠得住？

二、事实。我们要实事求是，现在像贴贴标语，什么打倒田中义一等，都仅徒务虚名，像豆腐店里生意不好，看看"对我生财"泄闷一样。又像是以前的画符，一画符，病就好的思想。贴了打倒帝国主义，帝国主义就真个打倒了？这不对，我们应做切实的工作，奋力的做去。

三、证据。怀疑以后，相信总要相信，但是相信的条件，就是拿凭据来。有了这一句，论理学诸书，都可以不读。赫胥黎的儿子死了以后，宗教家去劝他信教，但是他很坚决的说："拿有上帝的证据来！"有了这种态度，就不会上当。

四、真理。朝夕的去求真理，不一定要成功，因为真理无穷，宇宙无穷；我们去寻求，是尽一点责任，希望在总分上，加上万万分之一。胜固是可喜，败也不足忧。明知赛跑，只有一个人第一，我们还要跑去，不是为我为私，是为大家。发明不是为发财，是为人类。英国有一个医生，发明了一种治肺的药。但是因为自秘，就被医学会开除了。

所以科学家是为求真理。庄子虽有"吾生也有涯，而知也无涯，以有涯逐无涯，殆已"的话头，但是我们还要向上做去，得一分就是一分，一寸就是一寸，可以有亚基米特化（今译阿基米德）发现浮力时叫"Eureka"（拉丁语，意为"我发现了，我找到了"）的快活。有了这种精神，做人就不会失望。所以人生的意味，全靠你自己的工作；你要他圆就圆，方就方，是有意味；因为真理无穷，趣味无穷，进步快活也无穷尽。

下卷　胡适谈做人

人生问题

　　1903年，我只有十二岁，那年12月17日，有美国的莱特弟兄作第一次飞机试验，用很简单的机器试验成功，因此美国定12月17日为飞行节。12月17日正是我的生日，我觉得我同飞行有前世因缘。我在前十多年，曾在广西飞行过十二天，那时我作了一首《飞行小赞》，这算是关于飞行的很早的一首辞。诸位飞过大西洋，太平洋，我在民国三十年，在美国也飞过四万英里，这表示我同诸位不算很隔阂。今天大家要我讲人生问题，这是诸位出的题目，我来交卷。这是很大的问题，让我先下定义，但是定义不是我的，而是思想界老前辈吴稚晖的。他说：人为万物之灵，怎么讲呢？第一：人能够用两只手做东西。第二：人的脑部比一切动物的都大，不但比哺乳动物大，并且比人的老祖宗猿猴的还要大。有这能做东西的两手和比一切动物都大的脑部，所以说人为万物之灵。人生是什么？即是人在戏台上演戏，在唱戏。看戏有各种看法，即对人生的看法叫做人生观。但人生有什么意义呢？怎样算好戏？怎样算坏戏？我常想：人生意义就在我们怎样看人生。意义的大小浅深，全在我们怎样去用两手和脑部。人生很短，上寿不过百年，完全可用手脑做事的时候，不过几十年。有人说，人生是梦，是很短的梦。有人说，人生不过是肥皂泡。其实，就是最悲观的说法，也证实我上面所说人生的有没有意义全看我们对人生的看法。就

胡适谈读书与做人

算他是做梦吧,也要做一个热闹的,轰轰烈烈的好梦,不要做悲观的梦。既然辛辛苦苦的上台,就要好好的唱个好戏,唱个像样子的戏,不要跑龙套。人生不是单独的,人是社会的动物,他能看见和想象他所看不到的东西,他有能看到上至数百万年下至子孙百代的能力。无论是过去,现在,或将来,人都逃不了人与人的关系。比如这一杯茶(讲演桌上放着一杯玻璃杯盛的茶)就包括多少人的供献,这些人虽然看不见,但从种茶,挑选,用自来水,自来水又包括电力等等,这有多少人的贡献,这就可以看出社会的意义。我们的一举一动,也都有社会的意义,譬如我随便往地上吐口痰,经太阳晒干,风一吹起,如果我有痨病,风可以把病菌带给几个人到无数人。我今天讲的话,诸位也许有人不注意,也许有人认为没道理,也许说胡适之胡说,是瞎说八道,也许有人因我的话回去看看书,也许竟一生受此影响。一句话,一句格言,都能影响人。我举一个极端的例子,两千五百年前,离尼泊尔不远地方,路上有一个乞丐死了,尸首正在腐烂。这时走来一位年轻的少爷叫Gotama(乔达摩),后来就是释迦牟尼佛,这位少爷是生长于深宫中不知穷苦的,他一看到尸首,问这是什么?人说这是死。他说:噢!原来死是这样子,我们都不能不死吗?这位贵族少爷就回去想这问题,后来跑到森林中去想,想了几年,出来宣传他的学说,就是所谓佛学。这尸身腐烂一件事,就有这么大的影响。飞机在莱特兄弟做试验时,是极简单的东西,经四十年的工夫,多少人聪明才智,才发展到今天。我们一举一动,一言一行,一点行为都可以有永远不能磨灭的影响。几年来的战争,都是由希特勒的一本《我的奋斗》闯的祸,这一本书害了多少人?反过来说,一句好话,也可以影响无数人,我讲一个故事:民国元年(1912年),有一个英国人到我们学堂讲话,讲的内容很荒谬,但他的"O"字的发音,同普通人不一样,是尖声的,这也影响到我的"O"字发音,许多我的学生又受到我的影响。在四十年前,有一天我到一外国人家去,出来时鞋带掉了,那外国人提醒了我,并告诉我系鞋带时,把结头底下转一弯就不会掉了,我记住了这句话,并又告诉许多人,

下卷　胡适谈做人

如今这外国人是死了，但他这句话已发生不可磨灭的影响。总而言之，从顶小的事情到顶大的像政治经济宗教等等，我们的一举一动都有不可磨灭的影响，尽管看不见，影响还是有。在孔夫子小时，有一位鲁国人说：人生有三不朽，即立德，立功，立言。立德就是最伟大的人格，像耶稣孔子等。立功就是对社会有贡献。立言包括思想和文学，最伟大的思想和文学都是不朽的。但我们不要把这句话看得贵族化，要看得平民化，比如皮鞋打结不散，吐痰，"O"的发音，都是不朽的。就是说：不但好的东西不朽，坏的东西也不朽，善不朽，恶亦不朽。一句好话可以影响无数人，一句坏话可以害死无数人。这就给我们一个人生标准，消极的我们不要害人，要懂得自己行为。积极的要使这社会增加一点好处，总要叫人家得我一点好处。再回来说，人生就算是做梦，也要做一个像样子的梦。宋朝的政治家王安石有一首诗，题目是《梦》。说："知世如梦无所求，无所求心普定寂，还似梦中随梦境，成就河沙梦功德。"不要丢掉这梦，要好好去做！即算是唱戏，也要好好去唱。

工程师的人生观

今天要赶十点四十分钟的飞机到台东,所以只能很简单地说几句话,很为抱歉。报上说我作学术讲演,这是不敢当。我是来向工学院拜寿的。昨夜我问秦院长希望我送什么礼物。晚上想想,认为最好的礼物,是讲讲工程师的思想史同哲学史。所以我便以此送给各位。

究竟什么算是工程师的哲学呢?什么算是工程师的人生观呢?因为时间很短,我当然不能把这个大的题目讲得满意,只是提出几点意思,给现在的工程师同将来的工程师作个参考。法国从前有一位科学家柏格生(Bergson)说:"人是制器的动物。"过去有许多人说:"人是有效力的动物。"也有许多人说:"人是理智的动物。"而柏格生说:"人是能够制造器具的动物。"这个初造器具的动物,是工程师的老祖宗。什么叫做工程师呢?工程师的作用,在能够找出自然界的利益,强迫自然世界把它的利益一个一个贡献出来;就是改造自然、征服自然、控制自然,以减除人的痛苦,增加人的幸福。这是工程师哲学的简单说法。

大家都承认:学做工程师的,每天在课堂里面上应该上的课,在试验室里面做应该做的试验,也许忽略了最大的目标,或者忽略了真正的基本——工程师的人生观。所以这个题目,是值得我们考虑的。

昨天在工学院教授座谈会中,我说:我到了六十二岁,还不知道我专门学的什么。起初学农；以后弄弄文学，弄弄哲学，弄弄历史；现在搞《水经注》，人家说我改弄地理。也许六十五岁以后、七十岁的时候，说不定要到工学院做学生；只怕工学院的先生们不愿意收一个老学徒，说"老狗教不会新把戏"。今天在工学院做学生不够资格的人，要来谈谈现在的工程师同将来的工程师的人生观，实属狂妄，就是，有点大胆。不过我觉得我这个意思，值得提出来说说。人是能够制造器具的动物，别的动物，也有能够制造东西的，譬如：蜘蛛能够制造网，蜜蜂能够制造蜜糖，珊瑚虫能够制造珊瑚岛。而我们人同这些动物之所以不同，就是蜘蛛制造网的丝，是从肚子里出来的，它肚子里有无穷无尽的丝；蜜蜂采取百花，经一番制造，做成的确比原料高明的蜜糖；这些动物，可算是工程师；但是它的范围，它用的，只是它自己的本能。珊瑚虫能够做成很大的珊瑚岛，也是本能的。人，如果只靠他的本能，讲起来也是有限得很的！人与蜘蛛、蜜蜂、珊瑚虫所以不同，是在他充分运用聪明才智，揭发自然的秘密，来改造自然，征服自然，控制自然。控制自然，为的是什么呢？不是像蜘蛛制网，为的捕虫子来吃；人的控制自然，为的是要减轻人的劳苦，减除人的痛苦，增加人的幸福，使人类的生活格外的丰富，格外有意义。这是"科学与工业的文化"的哲学。我觉得柏格生这个"人"的定义，同我们刚才简单讲的工程师的哲学，工程师的人生观，工程师的目标，是值得我们随时想想，随时考虑的。

这个话同这个目标，不是外国来的东西，可以说是我们老祖宗在几百年，甚至几千年以前，就有了这种理想了。目前有些人提倡读经；我倒很愿意为工程师背几句经书，来说明这个理想。

人如何能控制自然，制造器具呢？人控制自然这个观念，无论东方的圣人贤人，西方的圣人贤人，都是同样有的。我现在提出我们古人的几句话，使大家知道工程师的哲学，并不是完全外来的洋货。我常常喜欢把《易经·系辞》里面几句话翻成外国文给外国人看。这几句话是："见乃谓之象；形乃谓之器；制而用之谓之法；利用出入，民咸用之，谓之神。"看见

胡适谈读书与做人

一个意思，叫做象；把这个意象变成一种东西——形，叫做器；大规模的制造出来，叫做法；老百姓用工程师制造出来的这些器具，都说好呀！好呀！但是不晓得这器具是从一种意象来的，所以看见工程师便叫做神。

希腊神话，说火是从天上偷来的；中国历史上发明火的燧人氏被称为古帝之一——神。火，是一个大发明。发明火的人，是一个大工程师。我刚才所举《易经·系辞》，从一个观念——意象——造成器具，这个意思，是了不得的。人类历史上所谓文化的进步，完全在制造器具的进步。文化的时代，是照工程师的成绩划分的。人类第一发明是火；大体说来，火的发现是文化的开始。下去为石器时代。无论旧石器时代，新石器时代，都是人类用智慧把石头造成器具的时候。再下去为青铜器时代。用铜制造器具，这是工程师最大的贡献。再下去为铁的时代。这是一个大的革命。后来把铁炼成钢。再下去发明蒸汽机，为蒸汽机时代。再下去运用电力，为电力的时代；现在为原子能时代：这都是制器的大进步。每一个大时代，都只是制器的原料与动力的大革命。从发明火以后，石器时代，铜器时代，铁器时代，电力时代，原子能时代；这些文化的阶段，都是依工程师所创造划分的。

这种理想，中国历史上，早就有了的。工学院水工试验室要我写字，我写了两句话。这两句话，是《荀子·天论》篇里面的。《荀子·天论》篇，是中国古代了不得的哲学，也就是西方柏格生征服自然，以为人用的思想。《荀子·天论》篇说："从天而颂之，孰与制天命而用之？大天而思之，孰与物蓄而制裁之？"这个文字，依照清代学者校勘，稍须改动。但意思没有改动。"从天而颂之"，是说服从自然。"从天而颂之，孰与制天命而用之。"两句话联起来说，意思是：跟着自然走而歌颂，不如控制自然来用。"大天而思之"，是问自然是怎样来的。"大天而思之，孰与物蓄而制裁之？"是说：问自然从哪里来的，不如把自然看成一种东西，养它、制裁它。把自然控制来用，中国思想史上只有荀子才说得这样彻底。从这两句话，也可以看出中国在两千二三百年前，就有控制天

下卷　胡适谈做人

命——古人所谓天命，就是自然——把天命看作一种东西来用的思想。

"穷理致知"四个字，是代表七八百年前——十一世纪到十二世纪——宋朝的思想的。宋代程子、朱子提倡格物——穷理——的哲学。什么叫做"格物"呢？这有七十几种说法。今天我们不去研究这些说法。照程子朱子的解释，"格物"是"即物而穷其理。……即凡天下之物，莫不因其已知之理而益穷之，以求至乎其极"。这样的格物致知，可以扩大人的智识。程子说，"今天格一物，明天格一物，习而久之，自然贯通"。有人以范围问他；他说，"上自天地之高大，下至一草一木，都要格的"。这个范围，就是科学的范围，工程师的范围。

两千二三百年前，荀子就有"制天命而用之"的思想；七八百年前，程子、朱子就有格物——穷理——的哲学。这是科学的哲学，可算是工程师的哲学。我们老祖宗有这样好的思想、哲学，为什么不能做到科学工业的文化呢？简单一句话，我们不幸得很，二千五百年以前的时候，已经走上了自然主义的哲学一条路了。像《老子》《庄子》，以及更后的《淮南子》，都是代表自然主义思想的。这种自然主义的哲学发达的太早，而自然科学与工业发达的太迟：这是中国思想史的大缺点。

刚才讲的，人是用智慧制造器具的动物。这样，人就要天天同自然界接触，天天动手动脚的，抓住实物，把实物来玩，或者打碎它，煮它，烧它。玩来玩去，就可以发现新的东西，走上科学工业的一条路。比方"豆腐"，就是把豆子磨细，用其他的东西来点，来试验；一次，二次，……经过许多次的试验，结果点成浆，做成功豆腐；做成功豆腐还不够，还要做豆腐干、豆腐乳。豆腐的做成，很显然的，是与自然界接触，动手、动脚，多方试验的结果，不是对自然界看看，想想，或作一首诗恭维自然界就行了的。

顶好一个例子，是格物哲学到了明朝的一个故事。明朝有一位大哲学家王阳明，他说，"照程子、朱子的说法，要做圣人，要'即物而穷其理'。'即物穷理'，你们没有试验过，我王阳明试验过了"。有一天，他同一位姓钱的朋友研究格物，并由钱先生动手格竹子；拿一个凳子坐在竹子旁边望，望了三天三夜，格不出来，病了。王阳明说："你不够做圣人，我来格。"也端把椅子对着竹子望；望了一天一夜，两天两夜，……到了七天七夜，王阳明也格不出来，病了。于是王阳明说："我们不配做圣人；不能格物。"从这个故事，可以看出传统的不动手动脚，拿天然实物来玩的习惯。今天工学院植物系的学生格竹子，是要把竹子劈开，用显微镜来细细的看，再加上颜色的水，做各种的试验，然后就可以判定竹子在工业上的地位。为什么王阳明格不出来，今天的工程师可以格出来？因王阳明没有动手动脚做器具的习惯，今天的工程师有动手动脚做器具的习惯。荀子"制天命而用之"的哲学，终敌不过老子，庄子"错（措）人而思天"的哲学。故程、朱的格物穷理的思想，终不能应用到自然界的实物上去，至多只能在"读书"上（文史的研究上）发生了一点功效。

今天送给各位工程师哲学的人生观，又约略讲一讲我们老祖宗为什么失败；为什么有了这样好的征服天然的理想，穷理致知的哲学，而没有造成功科学文化，工业文化。我们可以了解我们老祖宗让西方人赶上去了。同时，从西方人后来实现了我们老祖宗的理想，我们亦就可以知道，只要振作，是可以迎头赶上的。我们只要二十年，三十年的努力，就可以同世界上科学工业发达的国家站在一样的地位。

二十年前，中国科学社要我作一个社歌；后来请赵元任先生作了乐谱。今天我把这个东西送给各位工程师。这个社歌，一共三段十二句：

　　我们不崇拜自然。他是一个习钻古怪；
　　我们要捶他，煮他，要叫他听我们的指派。

　　我们要他给我们推车；我们要他给我们送信。
　　我们要揭穿他的秘密，好叫他服侍我们人。

　　我们唱天行有常；我们唱致知穷理。
　　明知道真理无穷，进一寸有一寸的欢喜。

下卷　胡适谈做人

大宇宙中谈博爱

"博爱"就是爱一切人。这题目范围很大。在未讨论以前,让我们先看一个问题:"我们的世界有多大?"

我的答复是"很大"!我从前念《千字文》的时候,一开头便已念到这样的辞句:"天地玄黄,宇宙洪荒。"宇宙是中国的字,和英文的Universe,World意思差不多,都是抽象名词。宇是空间(Space)即东南西北;宙是时间(Time)即古今旦暮。《淮南子》说宇是上下四方,宙是古往今来。宇宙就是天地,宇宙就是Time-Space。古人能得"Universe"的观念实在不易,相当合于今日的科学。但古人所见的空间很小,时间很短,现在的观念已扩大了许多。考古学探讨千万年的事,地质学、古生物学、天文学等等不断的发现,更将时间空间的观念扩大。

现在的看法:空间是无穷的大,时间是无穷的长。

古人只见到八大行星,二十年前只见九大行星。现在所谓的银河,是古代所未能想象得到的。以前觉得太阳很远,现在说起来算不得什么,因为比太阳远千万倍的东西多得很。

科学就这样地答复了"宇宙究竟有多大?"这个问题。

现在谈第二点:博爱。

在这个大世界里谈博爱,真是个大问题。广义的爱,是世界各大宗教的最终目的。墨子可谓中国历史上最了不起的人，可说是宗教创立者（Founder of Religion），他提出"兼爱"为他的理论中心。兼爱就是博爱，是爱无等差的爱。墨子理论和基督教教义有很多相合的地方，如"爱人如己"、"爱我们的仇敌"等。

佛教哲学本谓一切无常，我亦无常，"我"是"四大"（土、水、火、风）偶然结合而成的，是十分简单的东西，因此无所谓爱与恨——根本不值得爱，也不值得恨。但早期佛教亦有爱的意念在：我既无常，可牺牲以为人。

和尚爱众生，但是佛教不准自食其力，所以有人称之为"叫化"（乞丐）宗教。自己的饭亦须取之于人，何能博爱？

古时很多人为了"爱"，每次登坑（大便）的时候便想，想，大想一番，想到爱人。有些人则以身喂蚊，或以刀割肉，以自身所受的痛苦来显示他们对人的爱。这种爱的方法，只能做到牺牲自己，在现代的眼光看来，是可笑的。这种博爱给人的帮助十分有限，与现代的科学——工程、医学……所能给我们的"博爱"比起来，力量实在小得可怜。今日的科学增进了人类互助博爱的能力。就说最近意大利邮船Andrea Doria号遇难的事吧，短短的数小时内就救起千多人。近代交通、医学……等的发达，减少了人类无数的痛苦。

我们要谈博爱，一定要换一观念。古时那种喂蚊割肉的博爱，等于开空头支票，毫无价值。现在的科学才能放大我们的眼光，促进我们的同情心，增加我们助人的能力。我们需要一种以科学为基础的博爱——一种实际的博爱。

孔子说："修己以敬，修己以安人，修己以安百姓。"修己就是把自己弄好。我们应当先把自己弄好，然后帮助别人；独善其身然后能兼善天下。同学们，现在我们读书的时候，不要空谈高唱博爱；但应先努力学习，充实自己，到我们有充分能力的时候才谈博爱，仍不算迟。

下卷　胡适谈做人

一个防身药方的三味药

毕业班的诸位同学，现在都得离开学校去开始你们自己的事业了，今天的典礼，我们叫作"毕业"，叫作"卒业"，在英文里叫作"始业"（Commencement），你们的学校生活现在有一个结束，现在你们开始进入一段新的生活，开始撑起自己的肩膀来挑自己的担子，所以叫作"始业"。

我今天承毕业班同学的好意，承阎校长的好意，要我来说几句话，我进大学是在五十年前（1910年），我毕业是在四十六年前（1914年），够得上做你们的老大哥了，今天我用老大哥的资格，应该送你们一点小礼物，我要送你们的小礼物只是一个防身的药方，给你们离开校门，进入大世界，作随时防身救急之用的一个药方。

这个防身药方只有三味药：

第一味药叫做"问题丹"。

第二味药叫做"兴趣散"。

第三味药叫做"信心汤"。

第一味药，"问题丹"。就是说：每个人离开学校，总得带一两个麻烦而有趣味的问题在身边作伴，这是你们入世的第一要紧的救命宝丹。

问题是一切知识学问的来源，活的学问、活的知识，都是为了解答实际上的困难，或理论上的困难而得来的。年轻入世的时候，总得有一个两个不大容易解决的问题在脑子里，时时向你挑战，时时笑你不能对付他，不能奈何他，时时引诱你去想他。

只要你有问题跟着你，你就不会懒惰了，你就会继续有智识上的长进了。

学堂里的书，你带不走；仪器，你带不走；先生，他们不能跟你去，但是问题可以跟你走到天边！有了问题，没有书，你自会省吃省穿去买书；没有仪器，你自会卖田卖地去买仪器！没有好先生，你自会去找好师友；没有资料，你自会上天下地去找资料。

各位青年朋友，你今天离开学校，夹袋里准备了几个问题跟着你走？

第二味药，叫做"兴趣散"，这就是说：每个人进入社会，总得多发展一点专门职业以外的兴趣——"业余"的兴趣。

你们多数是学工程的，当然不愁找不到吃饭的职业，但四年前你们选择的专门职业，真是你们自己的自由志愿吗？你们现在还感觉你们手里的文凭真可以代表你们每个人终身的志愿，终身的兴趣吗？——换句话说，你们今天不懊悔吗？明年今天还不会懊悔吗？

你们在这四年里，没有发现什么新的、业余的兴趣吗？在这四年里，没有发现自己在本行以外的才能吗？

总而言之，一个人应该有他的职业，又应该有他的非职业的玩意儿。不是为吃饭而是心里喜欢做的，用闲暇时间做的，——这种非职业的玩意儿，可以使他的生活更有趣，更快乐，更有意思，有时候，一个人的业余活动也许比他的职业还更重要。

英国十九世纪的两个哲学家，一个是弥尔（J. S. Mill）（今译密尔），他的职业是东印度公司的秘书，他的业余工作使他在哲学上、经济学上、政治思想史上，都有很大的贡献。一个是斯宾塞（Herbert Spencer），他是一个测量工程师，他的业余工作使他成为一个很有势力的思想家。

下卷　胡适谈做人

英国的大政治家邱吉尔，政治是他的终身职业，但他的业余兴趣很多，他在文学、历史，两方面，都有大成就；他用余力作油画，成绩也很好。

今天到自由中国的贵宾，美国大总统艾森豪威尔先生，他的终身职业是军事，人都知道他最爱打高尔夫球，但我们知道他的油画也很有工夫。

各位青年朋友，你们的专门职业是不用愁的了，你们的业余兴趣是什么？你们能做的，爱做的业余活动是什么？

第三味药，我叫他做"信心汤"，这就是说：你总得有一点信心。

我们生存在这个年头，看见的、听见的，往往都是可以叫我们悲观、失望的——有时候竟可以叫我们伤心，叫我们发疯。

这个时代，正是我们要培养我们的信心的时候，没有信心，我们真要发狂自杀了。

我们的信心只有一句话，"努力不会白费"，没有一点努力是没有结果的。

对你们学工程的青年人，我还用多举例来说明这种信心吗？工程师的人生哲学当然建筑在"努力不白费"的定律的基石之上。

我只举这短短几十年里大家都知道的两个例子：

一个是亨利·福特（Henry Ford），这个人没有受过大学教育，他小时半工半读，只读了几年书，十六岁就在一小机器店里做工，每周工钱两块半美金，晚上还得去帮别家做夜工。

五十七年前（1903年）他三十九岁，他创立Ford Motor Co.（福特汽车公司），原定资本十万元，只招得两万八千元。

五年之后（1908年），他造成了他的最出名的model T汽车，用全力制造这一种车子。

1913年——我已在大学三年级了，福特先生创立他的第一副"装配线"（Assembly line）。

1914年，——四十六年前，——他就能够完全用"装配线"的原理来制造他的汽车了。同时（1914年）他宣布他的汽车工人每天只工作八点钟，比别处工人少一点钟——而每天最低工钱五元美金，比别人多一倍。

他的汽车开始是九百五十元一部，他逐年减低卖价，从九百五十元直减到三百六十元——第一次世界大战之后，减到二百九十元一部。

他的公司，在创办时（1903年）只有两万八千元的资本，——到二十三年之后（1926年）已值得十亿美金了！已成了全世界最大的汽车公司了。1915年，他造了一百万部汽车，1928年，他造了一千五百万部车。

他的"装配线"的原则在二十年里造成了全世界的"工业新革命"。

福特的汽车在五十年中征服全世界的历史还不能叫我们发生"努力不白费"的信心吗？

第二个例子是航空工程与航空工业的历史。

也是五十七年前——1903年12月17，正是我十二整岁的生日，——那一天，在北加罗林那州（今译北卡罗来纳州）的海边Kitty Hawk（基帝霍克）沙滩上，两个修理脚踏车的匠人，兄弟两人，用他们自己制造的一只飞机，在沙滩上试起飞，弟弟叫Owille Wright，他飞起了十二秒钟。哥哥叫Wilbur Wright，他飞起了五十九秒钟。

那是人类制造飞机飞在空中的第一次成功，——现在那一天（12月17日）是全美国庆祝的"航空日"——但当时并没有人注意到那两个弟兄的试验，但这两个没有受过大学教育的脚踏车修理匠人，他们并不失望，他们继续试飞，继续改良他们的飞机，一直到四年半之后（1908年5月），才有重要的报纸来报导那两个人的试飞，那时候，他们已能在空中飞三十八分钟了！

这四十年中，航空工程的大发展，航空工业的大发展，这是你们学工程的人都知道的，航空工业在最近三十年里已成了世界最大工业的一种。

我第一次看见飞机是在1912年。我第一次坐飞机是在1930年（30年前）。我第一次飞过太平洋是在二十三年前（1937年）；第一次飞过大西洋是在十五年前（1945年），当我第一次飞渡太平洋的时候，从香港到旧金山总共费了七天！去年我第一次坐Jet机，从旧金山到纽约，五个半钟点飞了三千英里！下月初，我又得飞过太平洋，当天中午起飞，当天晚上就到美国西岸了！

五十七年前，Kitty Hawk沙滩上两个脚踏车修理匠人自造的一个飞机居然在空中飞起了十二秒钟，那十二秒钟的飞行就给人类打开了一个新的时代，——打开了人类的航空时代。

这不够叫我们深信"努力不会白费"的人生观吗？

古人说："信心可以移山"（Faith moves mountains），又说："功不唐捐"（唐是空的意思），又说："只要功夫深，生铁磨成绣花针。"

青年的朋友，你们有这种信心没有？

终身做科学实验的爱迪生

今天2月11日是爱迪生的一百十三年纪念日。明天2月12日是林肯的一百五十一年纪念日。去年2月12日,我参加林肯一百五十年纪念演说。今天我很高兴能参加爱迪生一百十三年的纪念会。

林肯是自由的象征,爱迪生是科学的圣人。

科学的根本是实验。爱迪生真是终身做实验的工作。他十一岁时就在他家里的地窖子里做化学试验;十二岁时他在火车上卖报纸卖糖果,他就在火车的行李车上做他的化学实验。十五岁时,他开始学电报,就开始做电学实验,要改进电报的器材与技术,从此他就终身没有离开电学试验了,就给电学开辟了新天地,给世界开辟了新文明,给人类开辟了一个簇新的世界。

从十一岁开始做科学实验,直到他八十四岁去世,他整整做了七十三年的实验工作。所以我们称他做终身做实验的科学圣人。

他每天只睡四个钟头的觉,至多只睡六个钟头。他每天做十几个钟头的工作,他的一天抵别人的两天。他做了七十年的实验,就等于别人做了一百四十年的实验工作。

中国的懒人,有两首打油诗,一首是懒人恭维自己的:

无事只静坐,一日当两日。

下卷　胡适谈做人

　　人活六十年，我活百二十。

还有一首是嘲笑懒人的：

　　无事昏昏睡，睡起日过午。

　　人活七十年，我活三十五。

睡四点钟觉，做二十点钟科学实验，活了八十四岁，抵的别人一百七十岁——这是科学圣人的生活。

　　在New Jersey（新泽西州）的West Orange（西奥兰治）的爱迪生实验室里——现在是"国家的爱迪生纪念馆"的一部分了，——保存着二千五百册他的实验纪录，每册有二百五十页，或三百页。最早的一册是他三十一岁（1878年）的纪录。

　　单是"白热电灯"的种种实验，就记满了二百册！他用了几千种不同的材料来试验——各种矿物、金属，从硼砂到白金，后来又试验炭化绵丝，居然能延烧四十多个钟头，——后来又试验了几百种可以烧作炭精丝的植物，——最后才决定用日本京都府下的八幡地方所产的竹子做成最适用的炭精丝电灯泡。

　　科学实验是发现自然秘密，证实学理，解决工业技术问题的唯一方法。

　　在他八十岁时，有人请问他的生活哲学是什么，他说，他的生活哲学只有一个字："工作"（work），"把自然界的秘密揭开来，用它们来增加人类的幸福，这样的工作是我的生活哲学"。

　　他的实验并不都是创造的，空前的。但他那处处用严格的实验方法来解决工业问题的精神，他那终身做实验的精神，他那每次解答一个问题总想做到最好最完美（Perfect）的地步的精神，他那用组织能力来创大规模的工业实验室与研究所的模范，可以说是创造的，空前的（现今美国有四千个工业研究实验所，都可以说是仿效爱迪生的实验室的）。

　　他的绝大多数的实验与发明（他一生得到专利权的发明有一千一百件），都是用前人的失败与成功做出发点的。他说：

　　每回我要发明什么东西，我总要先翻读以前的人在那个问

胡适谈读书与做人

　　题上做过了的工作（图书馆里那些书正是为了这个用处的）。我要看看以前花了大工夫，花了大经费，做出了一些什么成绩。我要用从前人做过的几千次试验的资料做我的出发点，然后我来再做几千次试验。

这是他做实验的下手方法。

　　他在1921年1月曾说：

　　　　我每次想做一件尽善尽美的工作，往往碰到一座一百尺高的花岗石的高墙。碰来碰去，总过不了这百尺高墙，我就转到别的一件工作去用功。有时候，——也许几个月之后，也许几年之后，忽然有一天，有一件什么东西被我发明了，或是别人发明了，——或者在这世界的某一个角落，有一件新事物出现了，——我往往能够认识那件新发明可以帮助我爬过那座高墙，或者爬上去几十尺。

　　　　我从来不许我在任何情形之下感到失望。我记得，我们为了一个问题做了几千次实验，还没有能够解决那个问题。我们的一个同事，在我们最得意的一次实验失败之后，就灰心了，就说，我们不会找出什么来了。我还是高高兴兴的对他说："我们不是已经找出了不少东西了吗？"我们已经确实知道这条路是走不通的了，以后我们必须另走别的路子了。只要我们确已尽了我们最大的思考与工作的努力，我们往往可以从我们的失败里学到不少的东西。

这是爱迪生做科学实验，经过几千次失败而永不灰心失望的精神。

　　他在十二三岁时，耳朵就聋了。他一生是个聋子，但他从不因此减少他工作的努力。他在七十八岁时（1925年），曾有一篇文字说他的耳聋于他只有好处，于世界也只有好处。他说：

　　　　因为我成了个聋子，我就把Sesroit的公立图书馆做我的避难所。我从每一个书架的最低一层读起，一本一本的读，一直读到最

下卷　胡适谈做人

上一层。我不是单挑几本书读,我把整个图书馆都读了。后来我买了一部Swoin出版的最廉价的百科全书,我也从头到尾全读了。

他还说两三个笑话:这是耳朵聋给他自己的恩惠。他还说,他费了多年心力去发明,制造留声机,"别人听了满意了,我总不满意,总想设法改善到最完美的地步,——这也是因为我是个聋子,我能听别人不能听见的音乐声音"。他还说,Bell发明了电话机,他听了总觉得声音太低、太弱,他听不清,所以他想出种种改良方法,把电话改良到他听得清楚才满意。他的改良部分(炭素传声器,Carbon Transmitter)后来卖给Bell,就使电话大改善。

后来我被选作一个商业组织的会员,常常参加他们的大宴会,往往有许多演说,我耳聋听不见演说,也不免感觉可惜。有一年,他们把宴会的演说印出来了,我读了那些大演说之后,从此就不感觉耳聋是可惋惜的了。……有一天,有一位社会改良家到新新大监狱去向监中囚犯大演说。有一个犯人听了半点钟,实在受不了,就大喊起来。管监的人一拳打去,把那犯人打得晕过去了。过了半点钟,他醒过来了,演说家还在讲。那犯人走过去,对管监的说:"请你再打一拳,把我打晕过去罢!"

前些日子,我在报上看到某一位科学家发明了一种短时间的麻醉药,我脑子里就想,这种麻醉药是蛮有用的:在大宴会的演说开始之前,听演说的客人每人吃点麻醉药,倒是蛮有用的。这是这位科学大圣人的风趣。这样一位圣人是很可爱的。

容忍与自由

十七八年前,我最后一次会见我的母校康耐儿大学的史学大师布尔先生(George Lincoln Burr)。我们谈到英国史学大师阿克顿(Lord Acton)一生准备要著作一部《自由之史》,没有写成他就死了。布尔先生那天谈话很多,有一句话我至今没有忘记。他说,"我年纪越大,越感觉到容忍(tolerance)比自由更重要"。

布尔先生死了十多年了,他这句话我越想越觉得是一句不可磨灭的格言。我自己也有"年纪越大,越觉得容忍比自由还更重要"的感想。有时我竟觉得容忍是一切自由的根本:没有容忍,就没有自由。

我十七岁的时候(1908年)曾在《竞业旬报》上发表几条《无鬼丛话》,其中有一条是痛骂小说《西游记》和《封神榜》的,我说:

《王制》有之:"假于鬼神时日卜筮以疑众,杀。"吾独怪夫数千年来之排治权者,之以济世明道自期者,乃懵然不之注意,惑世诬民之学说得以大行,遂举我神州民族投诸极黑暗之世界!

这是一个小孩子很不容忍的"卫道"态度。我在那时候已是一个无鬼论者、无神论者,所以发出那种摧除迷信的狂论,要实行《王制》(《礼记》的一篇)的"假于鬼神时日卜筮以疑众,杀"的一条经典!

下卷　胡适谈做人

我在那时候当然没有梦想到说这话的小孩子在十五年后（1923年）会很热心的给《西游记》作两万字的考证！我在那时候当然更没有想到那个小孩子在二三十年后还时时留心搜求可以考证《封神榜》的作者的材料！我在那时候也完全没有想想《王制》那句话的历史意义。那一段《王制》的全文是这样的：

> 析言破律，乱名改作，执左道以乱政，杀。作淫声异服奇技奇器以疑众，杀。行伪而坚，言伪而辩，学非而博，顺非而泽以疑众，杀。假于鬼神时日卜筮以疑众，杀。此四诛者，不以听。

我在五十年前，完全没有懂得这一段话的"诛"正是中国专制政体之下禁止新思想、新学术、新信仰、新艺术的经典的根据。我在那时候抱着"破除迷信"的热心，所以拥护那"四诛"之中的第四诛："假于鬼神时日卜筮以疑众，杀。"我当时完全没有想到第四诛的"假于鬼神……以疑众"和第一诛的"执左道以乱政"的两条罪名都可以用来摧残宗教信仰的自由。我当时也完全没有注意到郑玄注里用了公输般作"奇技异器"的例子；更没有注意到孔颖达《正义》里举了"孔子为鲁司寇七日而诛少正卯"的例子来解释"行伪而坚，言伪而辩，学非而博，顺非而泽以疑众，杀"。故第二诛可以用来禁绝艺术创作的自由，也可以用来"杀"许多发明"奇技异器"的科学家。故第三诛可以用来摧残思想的自由，言论的自由，著作出版的自由。

我在五十年前引用《王制》第四诛，要"杀"《西游记》《封神榜》的作者。那时候我当然没有梦想到十年之后我在北京大学教书时就有一些同样"卫道"的正人君子也想引用《王制》的第三诛，要"杀"我和我的朋友们。当年我要"杀"人，后来人要"杀"我，动机是一样的：都只因为动了一点正义的火气，就都失掉容忍的度量了。

我自己叙述五十年前主张"假于鬼神时日卜筮以疑众，杀"的故事，为的是要说明我年纪越大，越觉得"容忍"比"自由"还更重要。

我到今天还是一个无神论者，我不信有一个有意志的神，我也不信灵

胡适谈读书与做人

魂不朽的说法……

我自己总觉得，这个国家、这个社会、这个世界，绝大多数人是信神的，居然能有这雅量，能容忍我的无神论，能容忍我这个不信神也不信灵魂不灭的人，能容忍我在国内和国外自由发表我的无神论的思想，从没有人因此用石头掷我，把我关在监狱里，或把我捆在柴堆上用火烧死。我在这个世界里居然享受了四十多年的容忍与自由。我觉得这个国家、这个社会、这个世界对我的容忍度量是可爱的，是可以感激的。

所以我自己总觉得我应该用容忍的态度来报答社会对我的容忍。所以我自己不信神，但我能诚心的谅解一切信神的人，也能诚心的容忍并且敬重一切信仰有神的宗教。

我要用容忍的态度来报答社会对我的容忍，因为我年纪越大，我越觉得容忍的重要意义。若社会没有这点容忍的气度，我决不能享受四十多年大胆怀疑的自由，公开主张无神论的自由了。

在宗教自由史上，在思想自由史上，在政治自由史上，我们都可以看见容忍的态度是最难得，最稀有的态度。人类的习惯总是喜同而恶异的，总不喜欢和自己不同的信仰、思想、行为。这就是不容忍的根源。不容忍只是不能容忍和我自己不同的新思想和新信仰。一个宗教团体总相信自己的宗教信仰是对的，是不会错的，所以它总相信那些和自己不同的宗教信仰必定是错的，必定是异端，邪教。一个政治团体总相信自己的政治主张是对的，是不会错的，所以它总相信那些和自己不同的政治见解必定是错的，必定是敌人。

一切对异端的迫害，一切对"异己"的摧残，一切宗教自由的禁止，一切思想言论的被压迫，都由于这一点深信自己是不会错的心理。因为深信自己是不会错的，所以不能容忍任何和自己不同的思想信仰了。

试看欧洲的宗教革新运动的历史。马丁路德（Martin Luther）和约翰高尔文（John Calvin）（今译约翰·加尔文）等人起来革新宗教，本来是

下卷　胡适谈做人

因为他们不满意于罗马旧教的种种不容忍，种种不自由。但是新教在中欧北欧胜利之后，新教的领袖们又都渐渐走上了不容忍的路上去，也不容许别人起来批评他们的新教条了。高尔文在日内瓦掌握了宗教大权，居然会把一个敢独立思想，敢批评高尔文的教条的学者塞维图斯（Servetus）定了"异端邪说"的罪名，把他用铁链锁在木桩上，堆起柴来，慢慢的活烧死。这是1553年10月23日的事。

这个殉道者塞维图斯的惨史，最值得人们的追念和反省。宗教革新运动原来的目标是要争取"基督教的人的自由"和"良心的自由"。何以高尔文和他的信徒们居然会把一位独立思想的新教徒用慢慢的火烧死呢？何以高尔文的门徒（后来继任高尔文为日内瓦的宗教独裁者）柏时（de Beze）竟会宣言"良心的自由是魔鬼的教条"呢？

基本的原因还是那一点深信我自己是"不会错的"的心理。像高尔文那样虔诚的宗教改革家，他自己深信他的良心确是代表上帝的命令，他的口和他的笔确是代表上帝的意志，那么他的意见还会错吗？他还有错误的可能吗？在塞维图斯被烧死之后，高尔文曾受到不少人的批评。1554年，高尔文发表一篇文字为他自己辩护，他毫不迟疑的说："严厉惩治邪说者的权威是无可疑的，因为这就是上帝自己说话。……这工作是为上帝的光荣战斗。"

上帝自己说话，还会错吗？为上帝的光荣作战，还会错吗？这一点"我不会错"的心理，就是一切不容忍的根苗。深信我自己的信念没有错误的可能（infallible），我的意见就是"正义"，反对我的人当然都是"邪说"了。我的意见代表上帝的意旨，反对我的人的意见当然都是"魔鬼的教条"了。

这是宗教自由史给我们的教训：容忍是一切自由的根本；没有容忍"异己"的雅量，就不会承认"异己"的宗教信仰可以享自由。但因为不容忍的态度是基于"我的信念不会错"的心理习惯，所以容忍"异己"是最难得，最不容易养成的雅量。

在政治思想上，在社会问题的讨论上，我们同样的感觉到不容忍是常见的，而容忍总是很稀有的，我试举一个死了的老朋友的故事作例子。四十多年前，我们在《新青年》杂志上开始提倡白话文学的运动，我曾从美国寄信给陈独秀，我说：

> 此事之是非，非一朝一夕所能定，亦非一二人所能定。甚愿国中人士能平心静气与吾辈同力研究此问题。讨论既熟，是非自明。吾辈已张革命之旗，虽不容退缩，然亦决不敢以吾辈所主张为必是而不容他人之匡正也。

独秀在《新青年》上答我道：

> 鄙意容纳异议，自由讨论，固为学术发达之原则，独于改良中国文学当以白话为正宗之说，其是非甚明，必不容反对者有讨论之余地；必以吾辈所主张者为绝对之是，而不容他人之匡正也。

我当时看了就觉得这是很武断的态度。现在在四十多年之后，我还忘不了独秀这一句话，我还觉得这种"必以吾辈所主张者为绝对之是"的态度是很不容忍的态度，是最容易引起别人的恶感，是最容易引起反对的。

我曾说过，我应该用容忍的态度来报答社会对我的容忍。我现在常常想我们还得戒律自己：我们若想别人容忍谅解我们的见解，我们必须先养成能够容忍谅解别人的见解的度量。至少至少我们应该戒约自己决不可"以吾辈所主张者为绝对之是"。我们受过实验主义的训练的人，本来就不承认有"绝对之是"，更不可以"以吾辈所主张者为绝对之是"。